9 781937 417895

אַלעקסאַנדער גריבאָיעדאָוו

צער פֿון שׂכל

אַ קאָמעדיע
אין פֿיר אַקטן אין פֿערזן

ייִדיש – ניסן לעווין

ייִדיש בראַנזשע
Yiddish Branzhe
ניו־יאָרק
2021

אַלעקסאַנדר גריבאָיעדאָוו

צער פֿון שׂכל

Alexander Griboyedov
WOE FROM WIT

Yiddish translation by Nisson Levin
Edited by Boris Sandler
Design and Layout by Boris Budiyanskiy
Illustrations by Dmitry Kardovsky

ISBN: 978-1-937417-89-5

לזכר־עולם מײַן באָבען, געסיע רובענטשיק, װעלכע האָט געזען אינעם אַרױסגעבן דאָס בוך אין ייִדיש נישט בלױז איר חובֿ פֿאַרן מאַנס אָנדענק, נאָר אױך אַ חובֿ פֿאַר דער ייִדישער קולטור.

דמיטרי סמאָלאַנסקי

זײַן גרױסע ליבע

מיט דמיטרי סמאָלאַנסקי, דעם הױכװוּקסיקן און סימפּאַטישן יונגן־מאַן, האָבן מיר זיך באַקענט אין באָסטאָן. דמיטריס פֿאַך איז קאָמפּיוטערײַ, אָבער די נשמה איז זײַן גאַנץ לעבן אַרײַנגעטאָן אין ליטעראַטור און קונסט. צונױפֿגעפֿירט האָט אונדז, קאָן מען זאָגן, גריבאָיעדאָװס אומשטערבלעכע קאָמעדיע „גאָריע אָט אומאַ“ (Горе от ума). יאָ, דװקא אָט די פּיעסע, װאָס מ'האָט אין צאַרישן רוסלאַנד אַ סך יאָר ניט דערלױבט צו דרוקן און איז אין כּתבֿ־יד אַריבערגעגאַנגען פֿון האַנט צו האַנט. הײַנט װאָלטן מיר געזאָגט, אַז מע האָט זי פֿאַרשפּרײט דורכן „סאַמאיזדאַט“, װי די פֿאַרװערטע ליטעראַטור אינעם געװעזענעם סאָװעטן־פֿאַרבאַנד. װאָס שײך דמיטרין, גיט אים ניט קײן רו נישט אַזױ דער גורל פֿון דער אָריגינעלער קאָמעדיע גופֿא, װי דער גורל פֿון איר איבערזעצונג אױף ייִדיש. איצט הערט אַ מעשׂה:

דמיטריס זיידע, ניסן לווין ע״ה, האָט פֿיל יאָרן זיך פֿאַרנומען מיטן איבערזעצן גריבאָיעדאָווס פּיעסע אויף ייִדיש. די אַרבעט איז פֿאַרבליבן אין כּתבֿ־יד און בירושה אַדורך דרײַ דורות: פֿונעם זיידן צו דמיטריס עלטערן און פֿון זיי – צו דמיטריען. צום באַדויערן, קען דמיטרי ניט קיין ייִדיש, אָבער צוליב זײַן גרויסער ליבע און אָפּשײַ פֿאַר זײַן זיידן, האָט ער קאָפּירט די בויגנס, פֿאַרפֿילט מיטן זיידנס קאַליגראַפֿישער האַנטשריפֿט, זיי אײַנגעבונדן און זיך געלאָזט זוכן אַ מבֿין, וואָס וואָלט געקאָנט געהעריק אָפּשאַצן די ריזיקע אַרבעט.

פֿאַר דער צווייטער וועלט־מלחמה, דערציילט דמיטרי, האָט דער זיידע מיט זײַן משפּחה געלעבט אין מינסק. געווען אַ בוכהאַלטער, געפֿירט פֿינאַנציעלע חשבונות אין אַן אַנשטאַלט, און אין דער היים, נאָכן אָפּאַרבעטן אַ טאָג, געלייענט ביכער, באַזונדערס פּאָעזיע. ער איז געווען פֿאַרליבט אין דער רוסישער ליטעראַטור, נאָר אין דער זעלבער צײַט געפֿילט אַ לײַבלעכע צוגעבונדנקייט צו דער ייִדישער ליטעראַטור, צו מאַמע־לשון.

באַגײַסטערט פֿון די צוויי ליטעראַטורן, איז ער געפֿאַלן אויפֿן געדאַנק: פֿאַר וואָס ניט אַ פּרוּוו טאָן איבערצוזעצן געוויסע מוסטערן פֿון רוסיש אויף ייִדיש? די אידעע האָט אים פֿאַרכאַפּט. צוערשט, האָט ער זיך גענומען צו איוואַן קרילאָווס[1] אַ משל. געהאָרעוועט עקשנותדיק, געזוכט די פּאַסיקסטע ווערטער, עקוויוואַלענטע אידיאָמען, באַפּליגלטע אויסדרוקן. ווי אַ קינד זיך געפֿרייט מיט די עשירות פֿון אונדזער מאַמע־לשון, וואָס פֿאַרמאָגט די רײַכקייט פֿון ווערטער, וואָס קענען פּינקטלעך איבערגעבן די שיינקייט און שאַרפֿקייט פֿונעם אָריגינאַל.

אַן איבערזעצונג איז ענלעך צו אַ נס: אַ מחשבֿה וואַרפֿט פֿון זיך אַראָפּ די הלבשה פֿון איין שפּראַך און טוט אָן אַ מלבוש פֿון אַן אַנדערער. אַ גוטע איבערזעצונג ווירקט לטובֿת דער אַנטוויקלונג פֿון דער שפּראַך, אויף וועלכער דאָס ווערק ווערט איבערגעזעצט. אַזוי, למשל, האָט שמואל האַלקין באַרײַכערט ייִדיש מיט זײַן איבערזעצן שעקספּירס „קיניג ליר״.

גריבאָיעדאָווס געניאַלע קאָמעדיע איז געווען לווינס גרויסע ליבע. ער האָט אָנגעהויבן זי איבערזעצן נאָך לאַנג פֿאַר דער מלחמה, שעפּנדיק נחת פֿון דער אַרבעט גופֿא. עס האָט אין אים געטליִעט אַ פֿונק האָפֿענונג צו זען די איבערזעצונג אַן אָפּגעדרוקטע אָדער אַן אויפֿגעפֿירטע אויף דער ייִדישער בינע. אין מינסק האָט דאַך געאַרבעט אַ ייִדישער מלוכה־טעאַטער. אָבער מער פֿון אַלעם, האָט אים באַגײַסטערט די אַרבעט אַליין: דאָס שלײַפֿן די שורה און גראַם, דאָס זוכן אַ פּאַסיקן אויסדרוק. ניסנס ווײַב, געסיע האָט מיט גרויס חשיבֿות זיך באַצויגן צו איר מאַנס איבערזעצערישער אַרבעט, אים אונטערגעהאַלטן, ווי נאָר זי האָט געקאָנט, געגלייבט, אַז זײַן טירחה איז זייער וויכטיק.

אין די ערשטע טעג פֿון דער מלחמה האָט מען לווינען מאָביליזירט אין

דער אַרמיי. ער האָט געקעמפֿט אין די אָקאָפּעס, פֿאַרוווּנדיקט געוואָרן, געלעגן אין שפּיטאָל, געבליבן אַן אינוואַליד! זיך אויסגעשריבן פֿונעם שפּיטאָל, איז ניסן געפֿאָרן צו דער משפּחה, וואָס האָט זיך עוואַקויִרט קיין נאָוואָסיבירסק. אָנגעקומען אַהין, האָט ער זיך ווידער גענומען צו זײַן באַליבטער אַרבעט. צום אומגליק, איז דער כּתבֿ־יד פֿון דער כּמעט פֿאַרענדיקטער איבערזעצונג פֿאַרברענט געוואָרן אין מינסק, אין איינעם מיט דער שטוב, אויפֿן דריטן טאָג פֿון דער מלחמה. ניסן האָט זיך גענומען אויפֿצושטעלן די איבערזעצונג אויף ס'נײַ, און ווידער זי געטאָקט און געשליפֿן.

אויפֿן וועגן פֿון נאָוואָסיבירסק אַהיים אין באַפֿרײַטן מינסק האָט לווין זיך אָפּגעשטעלט אין מאָסקווע. דאָ איז אים געלונגען זיך צו טרעפֿן מיט שלמה מיכאָעלסן, דעם אָנפֿירער פֿונעם מאָסקווער מלוכישן טעאַטער, ווי אויך מיט איייניקע ייִדישע שרײַבערס, און באַקענען זיי מיט זײַן איבערזעצונג. אַלע האָבן אונטערגעהאַלטן ניסנען, געווונטשן אים הצלחה בײַם פֿאַרענדיקן דעם מאַנוסקריפּט. מיכאָעלס איז געווען באַזונדערס באַגײַסטערט דערמיט, וויִאַזוי ס'איז איבערגעזעצט דער נאָמען פֿון דער קאָמעדיע – „צער פֿון שׂכל". קומענדיק קיין מינסק, האָט לווין זיך ווײַטער באַשעפֿטיקט מיט זײַן פֿאַך ווי אַ בוכהאַלטער אין אַ פֿאַבריק און ממשיך געווען די אַרבעט אויף זײַן איבערזעצונג; פֿאָרט געהאָפֿט, אַז ס'וועט נאָך קומען אַ צײַט און ס'וועט אויפֿלעבן אַ ייִדישער טעאַטער.

אין 1983 איז ניסן לווין געשטאָרבן. נאָך דער פּטירה פֿונעם מאַן האָט געסיע באַשלאָסן: מע מוז וואָס גיכער אַרויסגעבן פֿונעם סאָוועטן־פֿאַרבאַנד, זי טאָר ניט דערלאָזן, אַז דעם מאַנס כּתבֿ־יד זאָל פֿאַרפֿאַלן ווערן דאָס צווייטע מאָל. מע דאַרף אים איבערגעבן אין זיכערע הענט.

די משפּחה איז געקומען קיין אַמעריקע. דאָ, אין באָסטאָן, איז דמיטריס באָבע געשטאָרבן און איבערגעלאָזט איר טיפֿן פֿאַרלאַנג, אַז די טאָכטער און דאָס אייניקל זאָלן זאָרגן וועגן דעם כּתבֿ־יד פֿון דער איבערזעצונג, ווי וועגן אַ טײַערן משפּחה־אוצר אין אָנדענק פֿון ניסן לווין.

ווי געזאָגט, האָט דמיטרי געגעבן אונדז דעם זיידנס איבערזעצונג פֿון גריבאָיעדאָווס קאָמעדיע, ווי אויך אַ פּאָר צענדליק איבערזעצונגען פֿון קרילאָווס משלים. בײַם לייענען לווינס איבערזעצונגען איז פֿאַר אונדזערע אויגן אויסגעוואַקסן אַ מאַן, וואָס איז לײַדנשאַפֿטלעך פֿאַרליבט אין מאַמע־לשון און וויל, אַז אַזאַ קלאַסיש ווערק, ווי גריבאָיעדאָווס קאָמעדיע, זאָל קלינגען אויף אונדזער שיינעם און רײַכן ייִדיש. עס פֿילט זיך, אַז אין דער איבערזעצונג האָט לווין אַרײַנגעלייגט אַ קאָלאָסאַלע ענערגיע. ער האָט, בלי־ספֿק, געהאַט אַ היפּשן טאַלאַנט, אויסגעצייכנט געקענט ביידע שפּראַכן – רוסיש און ייִדיש.

אַ סך אויסדרוקן פֿון דער קאָמעדיע זײַנען זייער פֿאַרשפּרייט געוואָרן צווישן דעם רוסיש־רעדנדיקן לייענער, ממש געוואָרן אַפֿאָריזמען. כּדי צו

פֿאַרהיטן די שאַרפֿקייט פֿון אַזעלכע אויסדרוקן און צו דערשלאָגן זיך, זיי זאָלן קלינגען נאַטירלעך אויף ייִדיש, דאַרף מען טאַקע גענוג אָפּהאָרעווען. בלויז עטלעכע בײַשפּילן:

צי קען מען ניט פֿאַר די שפּאַצירן
אַן אַנדער ווינקעלע פֿאַרפֿירן.

אָדער:

צו לייענען ביכער, זאָג איך, ברענגט די נוץ אַ קליינע.
די אויגן קאַליע מאַכט צום סוף:
פֿון אַ פֿראַנצייזיש בוך איז איר ניטאָ קיין שלאָף,
און מיר פֿון רוסישן – ניטאָ קיין שלמות.

אָדער:

כ'בין דינען גרייט, זיך אויסצודינען עקלט.

אָדער:

דער רויך פֿון פֿאָטערלאַנד ז'אונדז אָנגענעם און זיס!

אָדער:

מיט פֿרייד אַזאַ געשריִען פֿרוי־און־מויד: הוראַ!
און טשעפּיקלעך אין לופֿט – געפֿלויגן!

און אָט זײַנען די ווערטער פֿון טשאַצקיס מאָנאָלאָג, דעם הויפּט־העלד פֿון דער קאָמעדיע:

פֿון מאָסקווע וואָן! איך בין אַהערצו מער קיין פֿאָרער.
כ'וועל אין דער וועלט זיך לאָזן, אָפּזוכן איך וויל
אַ ווינקל, וווּ ס'איז דאָ פֿאַר דעם באַליידיקטן געפֿיל!
וווּ מײַן קאַרעטע איז! דערלאַנגט מיר די קאַרעטע!

עס וויל זיך האָפֿן, אַז ניסן לווינס איבערזעצונג וועט אַמאָל ווערן באַוווסט פֿאַר אַ ברייטערן עולם. ער האָט עס שיין און ערלעך פֿאַרדינט.

מישע כאַזין און **יוסף לאַכמאַן**
„פֿאָרווערטס“, מאַרץ 21–27, 2008

[1] איוואַן קרילאָוו (1769־1844) – רוסישער פֿאַבוליסט, פּאָעט, פּובליציסט

פֿון רעדאַקטאָר:

און אָט איז דער חלום מקוים געוואָרן: צום ערשטן מאָל ווערט אַרויס־געלאָזט אַלעקסאַנדר גריבאָיעדאָווס קאָמעדיע אין דער ייִדישער איבערזעצונג.

געשען איז עס, אַ דאַנק דמיטרי סמאָלאַנסקי, דעם זון פֿון האַלינע, דער טאָכטער פֿון ניסן און געסיע.

אַלעקסאַנדר גריבאָיעדאָוו (1795־1829) – פּאָעט, מוזיקער, דראַמאַטורג, דיפּלאָמאַט. נאָך אַ קינד אויסגעלערנט עטלעכע שפּראַכן, גע־שפּילט פּאַרטעפּיאַן. אין יאָר 1806 ווערט ער אָנגענומען אינעם מאָסקווער אוניווערסיטעט, ווו ער פֿאַרענדיקט דרײַ פֿאַקולטעטן: שפּראַך און ליטעראַטור, פֿיזיק און מאַטעמאַטיק, מאָראַל און פּאָליטיק. נאָך דער מלחמה מיט נאַפּאָלעאָן באָנאַפּאַרטן, אין וועלכער גריבאָיעדאָוו האָט זיך באַטייליקט ווי אַן אָפֿיציר, האָט ער דעמיסיאָנירט. אין יאָר 1817 קומט ער אָן צו דינען אין פּעטער־בורגער מלוכישער קאָלעגיע פֿון אויסערלעכע ענינים. זײַן ליבע צו ליטעראַטור דערנענטערט אים צו די ליטעראַטור־קרײַזן, באַזונדערס באַפֿרײַנדט ער זיך מיטן גרויסן רוסישן פּאָעט אַלעקסאַנדר פּושקין. ווי אַ דיפּלאָמאַט און פֿאָרשטייער פֿון רוסלאַנדס מיסיע, ווערט ער געשיקט קיין פּערסיע. אין דער זעלבער צײַט שרײַבט ער זײַן קאָמעדיע „גאָריע אָט אומאַ" (צער פֿון שׂכל). ער האָט געהאָפֿט זי פֿאַרעפֿנטלעכן און אויפֿפֿירן אין פּעטערבורג, אָבער די צענזור האָט עס פֿאַרווערט. אין 1826 האָבן זיך פֿאַרערגערט די באַציִונגען צווישן רוסלאַנד און טערקײַ. גריבאָיעדאָוו, ווי אַ געניטער דיפּלאָמאַט, ווערט געשיקט מיט אַ שליחות קיין טעהעראַן. אויפֿן וועג שטעלט ער זיך אָפּ אין טיפֿליס (גרוזיע) און פֿאַרליבט זיך אין דער יונגער פֿירשטין טשאַווטשאַוואַדזע, מיט וועלכער ער האָט חתונה. זייער גליק האָט געדויערט נישט לאַנג, אין 1829 פֿאַלט מען אויף דער רוסלענדישער אַמבאַסאַדע אָן. אַלעקסאַנדר גריבאָיעדאָוו ווערט דערהרגעט. די שאַפֿערישע ירושה גריבאָיעדאָווס איז נישט גרויס, אָבער די קאָמעדיע „גאָריע אָט אומאַ" ווערט געלערנט אין די שולן און געשפּילט אין רוסלאַנד ביז הײַנט.

В письме в американскую русскоязычную газету Форвертс, опубликованном в ноябре 2001 года, бабушка рассказала историю этого перевода: «Еще до Второй мировой войны муж работал над переводом бессмертного произведения А. Грибоедова "Горе от ума" для БелГОСЕТа. Однако, уже выполненная значительная часть перевода сгорела во время бомбежки Минска. В первые дни войны Левин ушел на фронт, вернулся в 1943 году инвалидом и снова занялся переводом и закончил его в 1946 году. Но работа оказалась, увы, невостребованной, так как Белорусский ГОСЕТ, как и все другие еврейские театры, вскоре после войны закрыли. В моем архиве сохранилась полуистлевшая от времени рецензия ведущих актеров театра. В 1946 году, возвращаясь из эвакуации, мы с мужем имели счастливую возможность встретиться в Москве с Соломоном Михоэлсом и группой еврейских поэтов и прозаиков (Перец Маркиш, Шмуэл Галкин, Давид Бергельсон). Они очень хорошо отозвались о переводе. Михоэлс особенно был восхищен переводом названия пьесы – "Цар фун сэйхл", ему также понравился монолог Чацкого, однако великий режиссер выразил сожаление, что в театре нет молодого актера на эту роль. Мой муж был счастлив – его перевод одобрили такие авторитеты! Увы, издать перевод не удалось, типография в Минске, где работа могла быть издана на идише, была разгромлена. Всю свою жизнь Левин продолжал совершенствовать перевод, невзирая на отсутствие перспектив на его издание, а еврейских драматических театров в стране уже не было».

Бабушка пережила дедушку на 22 года и все эти годы она не только бережно хранила листы, исписанные дедушкиным каллиграфическим почерком, но и искала любую возможность издать перевод. Она не оставляла эту надежду и, переехав в США, писала письма, искала заинтересованных людей. За несколько лет до своей смерти в 2005 году в одном из писем она написала: «После смерти мужа я оказалась наследницей этого перевода. Это мой долг еще раз попытаться обнародовать перевод. Это долг не только перед памятью мужа, но и перед еврейской культурой.»

И вот спустя почти 200 лет с момента написания пьесы и 75 лет с момента подготовки ее перевода на идиш, пройдя через три поколения семьи Левиных-Рубинчик-Смелянских, пьеса начинает свой путь к еврейскому читателю.

Дмитрий Смелянский

Памяти нашей бабушки Геси Рубинчик, видевшей в издании этой книги на идише не только долг перед памятью мужа, но и перед еврейской культурой.

Перевод на идиш классической пьесы Александра Грибоедова «Горе от ума» горел в пламени Второй Мировой войны, был восстановлен переводчиком по памяти и высоко оценен великим театральным режиссёром Соломоном Михоэлсом. Перевод пережил убийство Михоэлса в 1948 году, последующий разгром и фактический запрет еврейского искусства в СССР. Еще 35 лет после этого переводчик бесконечно и тайно шлифовал и переписывал текст до своей смерти в 1983 году. Этим самоотверженным переводчиком был мой дедушка – Нисон Левин.

Дедушка родился в бедной семье меламеда в беларуском местечке Мётча в 1906 году. Когда мальчику исполнилось 4 года, отец, в соответствии с еврейской традицией, завернул его в талес и отнес в хедер – еврейскую школу, где сам был учителем. Там мальчик начал изучать древнееврейский язык и Тору. Через три года старшая сестра Хана, которая в то время училась в гимназии, стала учить Нисона русскому языку и грамматике. Он поступил в русскую школу, где отличился хорошим знанием грамматики. К девяти годам Нисон уже владел четырьмя языками – идиш, иврит, русский и беларуский. Отец рано умер, семья, в которой подрастали два младших брата, жила очень бедно. Нисону пришлось оставить школу и пойти работать. Продолжить свое образование ему так и не удалось, потому что на курсы для подготовки в институты и университеты, принимали только детей рабочих и крестьян. Тяга к знаниям реализовывалась путем самообразования и чтение стало его пожизненным хобби. Он читал всё, что мог достать, отдавая предпочтение энциклопедическим и научно-популярным изданиям.

В марте 1929 года Нисон женился на моей бабушке Гесе Рубинчик. Незаурядные способности, память и эрудиция позволили дедушке поступить консультантом на Беларусьфильм в киностудию научно-популярных и документальных фильмов. В эти годы он увлекся литературными переводами с идиша на русский и с русского на идиш. Он делал авторизованные переводы на русский язык стихов еврейских поэтов, переводил на идиш басни Крылова. По заказу Белорусского Государственного Еврейского театра (БелГОСЕТ) Нисон начал работать над переводом на идиш комедии Александра Грибоедова «Горе от ума». Вторая Мировая война прервала эту работу.

In her November 2001 letter to the Forverts, my grandmother writes:

"Before the Second World War, my husband was working on the translation of Griboyedov's immortal play Woe from Wit for BelGOSET. However, much of the completed text perished in fire during the bombing of Minsk. In the first days of the war, Levin went to the front, returned in 1943 as an invalid, resumed the work on the translation and completed it in 1946. Alas, it turned out that the product of his labor was no longer needed because the Belarusian State Jewish Theater, was closed soon after the war, as were all other Jewish theaters. I have in my archive a review, turned brittle after the years, that was written by the leading actors of the theater. In 1946, when my husband and I were returning from evacuation, had a happy opportunity to meet in Moscow with Solomon Mikhoels and a group of Yiddish authors (Peretz Markish, Shmuel Galkin, David Bergelson). They spoke highly of the translation. Mikhoels was particularly impressed by the Yiddish version of the play's title, "Tsar fun seikhl." The renowned director also liked the translation of Chatzky's monologue but he regretted that the theater did not have a young actor for this role. My husband was elated: his work was met with approval from such authoritative figures! Unfortunately, the publication of the translation turned out to be impossible because the printing house in Minsk where it could have been published was destroyed. Throughout his life, Levin continued to hone the translation even though there were no longer any prospects for publishing it and no Jewish drama theaters in the country."

My grandmother survived my grandfather by 22 years. During all these years, she not only carefully preserved the sheets of paper covered with grandfather's calligraphic writing but also kept looking for any opportunity to publish the translation. She had not given up hope and, after coming to the United States, was writing to people who, she thought, might be interested. In one of her letters, written a few years before she died in 2005, she said:

"I inherited this translation after the death of my husband. It is my duty to try again to have it published. This is a duty not only to the memory of my husband but also to the Jewish culture."

Now, after almost 200 years since it was written and 75 years after its Yiddish translation was completed, the play that has passed through three generations of the Levin-Rubinchik Smelyansky family is on its way to the Jewish reader.

Dmitry Smelansky

To the memory of our grandmother Gesya Rubinchik who viewed the publication of this book in Yiddish as a duty not only to the memory of her husband but also to the Jewish culture.

The Yiddish translation of Alexander Griboyedov's classical play Woe from Wit burned in the flames of the Second World War, was restored from memory by the translator, and was highly regarded by the great theater director Solomon Mikhoels. The translation survived the 1948 murder of Mikhoels and the subsequent destruction of the Jewish culture that came to be de-facto banned in the U.S.S.R. The dedicated translator was my grandfather Nisson Levin.

My grandfather was born in in 1906 in Myotcha, a shetl in Belarus in a poor family of a melamed, a teacher in a cheder, a Jewish primary school. When he turned four, his father, in accordance with the Jewish tradition, wrapped him in a talith and took him to the cheder where he taught. There, my grandfather began to study Hebrew and the Torah. Three years later, Nisson's older sister Khana who at that time was a gymnasium student, started to teach him the Russian language and grammar. Nisson then entered a Russian school where he distinguished himself by a good knowledge of the Russian grammar. By the time Nisson turned nine, he was proficient in four languages: Yiddish, Hebrew, Russian, and Belarusian. After the father's early death, the family that had two more younger boys lived in extreme poverty. Nisson had to abandon school and start working. He never had an opportunity to continue his formal education because the programs that prepared students for university entry were open only for the children of workers and peasants. He satisfied his thirst for knowledge by way of self-education and thus reading became his lifelong passion. He read everything he could lay his hands on, preferring encyclopedias and non-fiction.

In March 1929, Nisson married my grandmother Gesya Rubinchik. Thanks to his extraordinary abilities, memory, and erudition, my grandfather became a consultant at Belarusfilm in the studio that produced popular science and documentary films. This is when he became interested in literary translations from Yiddish into Russia and from Russian into Yiddish. He produced authorized Russian translations of poems by Yiddish authors and translated Ivan Krylov's fables into Yiddish. The Belarusian State Jewish Theater (BelGOSET) commissioned Nisson a Yiddish translation of Alexander Griboyedov's comedy WOE FROM WIT. The Second World War interrupted his work on the translation.

אַלעקסאַנדער גריבאָיעדאָוו

דער פֿון שׂכל

אַ קאָמעדיע
אין פֿיר אַקטן אין פֿערזן

פּערסאָנאַזשן:

פּאַוועל אַפֿאַנאַסיעוויטש פֿאַמוסאָוו, אַ פֿאַרוואַלטער אין
אַ קאַזיאָנעם אָרט.

סאָפֿיאַ פּאַוולאָוונאַ, זײַן טאָכטער.

ליזאַנקאַ, אַ שטובמיידל.

אַלעקסיי סטעפּאַנאָוויטש מאָלטשאַלין, פֿאַמוסאָווס סעקרעטאַר.
וווינט בײַ אים אין הויז.

אַלעקסאַנדר אַנדרייעוויטש טשאַצקי.

קאָלאָנעל סקאַלאָזוב, סערגיי סערגייעוויטש.

נאַטאַליאַ דמיטראָוונאַ גאָריטש, אַ יונגע דאַמע.

פּלאַטאָן מיכײַלאָוויטש גאָריטש, איר מאַן.

פֿירשט טוגאָאוכאָווסקי און די **פֿירשטין**, זײַן פֿרוי, מיט זעקס טעכטער.

גראַפֿיניע די באָבע – כריומין.

גראַפֿיניע דאָס אייניקל.

אַנטאָן אַנטאָנאָוויטש זאַגאָרעצקי.

כלעסטאָוו, אַן אַלטע פֿרוי, פֿאַמוסאָווס שוועגערין.

הער נ.*

הער ד.*

רעפּעטילאָוו.

פּעטרושקאַ און עטלעכע ריידנדיקע באַדינערס.

פֿיל פֿאַרשיידענע **געסט** בײַם פֿאַנאַנדערפֿאָר.

פֿאַמוסאָווס **קעלנערס.**

די האַנדלונג קומט פֿאָר אין מאָסקווע, בײַ פֿאַמוסאָוון אין הויז.

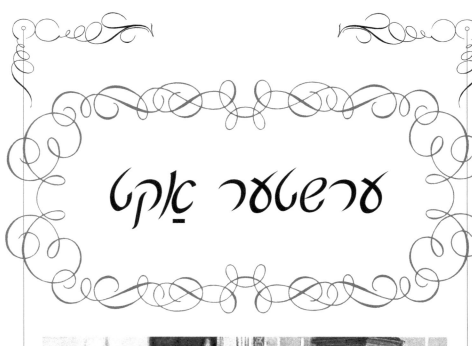

ערשטער אַקט

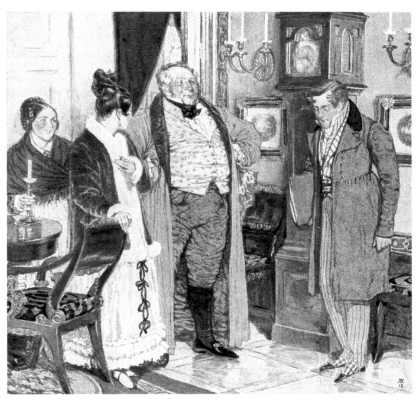

אויפֿטריט 1

גאַסטצימער. אַ גרויסער זייגער. פֿון רעכטס פֿירט אַ טיר אין סאָפֿיאַס שלאָפֿצימער פֿון וואַנען עס הערט זיך ווי מע שפּילט פֿאָרטעפּיאַן מיט אַ פֿלייט, וועלכע הערן אין גיכן אויף. ליזאַנקאַ שלאָפֿט אין מיטן צימער, שיִער ניט אַרויספֿאַלדיק פֿון די צונויפֿגערוקטע פֿאָטעלן. קאַיאָר. עס נעמט קוים טאָגן.

ליזאַנקאַ
(פּלוצעם כאַפּט זי זיך אויף. שטייט אויף פֿון די פֿאָטעלן. קוקט זיך אַרום)

עס פֿריט!..
ווי גיך די נאַכט פֿאַרלאָפֿן!
אַ בעט געטאָן זיך נעכטן שלאָפֿן –
ניין, ניט.
„ד'וועסט זײַן פֿאַרנומען.
דער פֿרײַנד וועט קומען". –
איז דאַרף מען האַלטן אויג און אויג.
און שלאָפֿן זיך ניט לייגן,
ביז וואַנען וועסט פֿון שטול ניט פֿאַלן.
נאָר וואָס אַ דרעמל אָנגעפֿאַלן,
שוין טאָג!..
מע מוז זיי זאָגן...
(קלאַפּט אָן צו סאָפֿיאַן.)
הערן מײַנע, היי, אַן אומגליק.
פֿאַרגאַנגען איז דער שמועס ביז פֿאַרטאָג.
און טאָמער, גאָט באַהיט,
עס קומט אַרײַן אַ פֿרעמדער,
איר הערט מיך, אַלעקסיי סטעפּאַניטש?
איר זײַט טויב? און איר, מאַדאַם?
– קיין שרעק ניט!
(טרעט אָפּ פֿון דער טיר.)

געווען וואָלט שיין,
אַן אומגעריכטער גאַסט, צי דער פֿאָטער זאָל אַרײַנגיין!
(ווידער צו דער טיר.)
צעשיידט זיך שוין – מע דאַרף זיך אײַלן!
גיי, זײַ אַ דינסט בײַ אַ פֿאַרליבטער פֿרײַלין!
וואָס?

סאָפֿיאַס קול

זאָג, וויפֿל איז דער זייגער?

ליזאַנקאַ

ניט פֿרי. שוין ליכטיק.

סאָפֿיאַ

(פֿון איר צימער)
זאָג, וויפֿל איז דער זייגער?

ליזאַנקאַ

זיבן, אַכט צי נײַן.

סאָפֿיאַ

(נאָך אַלץ פֿון דאָרטן)
ניט אמת.

ליזאַנקאַ

(שפּרינגט אָפּ פֿון דער טיר)
אַך, דער פֿאַרשאָלטענער אַמור!
מע הערט דאָך און מע וויל ניט גלייבן.
פֿאַר וואָס אַ לאָדן ניט אויפֿהייבן?
דעם זייגער געבן כ'וועל אַ דריי,
כאָטש כ'ווייס כ'וועל לײַגן זיי,
איך וועל אים שפּילן נייטן.

(קריכט אַרויף אויפֿן בענקל. רוקט איבער די ווײַזערס, דער זייגער הייבט אָן קלאַפּן און שפּילן.)

אויפֿטריט 2

ליזאַ און פֿאַמוסאָוו

ליזאַ

אַך, מײַן האַר!

פֿאַמוסאָוו

יאָ, דײַן האַר.
(שטעלט אָפּ דעם זייגערס מוזיק.)
וואָס פֿאַראַ שטיפֿערין אַ מיידל.
פֿאַרשטיין כ'האָב ניט געקאָנט, וואָס קומט דאָ פֿאָר!
אָט פּיאַנע הערט זיך, אָט פֿלייט איך הער.
פֿאַר סאָפֿיאַן איז נאָך פֿרי, פֿאַר איר געהער?

ליזאַ

ניין, האַר... כ'האָב... אומגעריכט...

פֿאַמוסאָוו

אַוודאי, אומגעריכט, מע זעט נאָכן געריכט:
פֿאַרקערט עפּעס אַפּנים.
(קוועטש זיך צו איר און קאָקעטירט)
אוי, די שטיפֿערין איז שיין.

ליזאַ

אַ שטיפֿער – איר אַליין.
צי פּאַסט עס גאָר צו אײַער פּנים!

פֿאַמוסאָוו

באַשיידן, דוכט און מילד.
און ווי פֿאַרשײַט זי איז, אין קאָפּ אַ ווינט.

ליזאַ

אַליין ר'זײַט אַ פֿאַרשײַטער.
איז קומט צו זיך, ווער זײַט איר.
איר, אַלטע לײַט...

פֿאַמוסאָוו
כמעט.

ליזאַ
אַהער זאָל ווער פֿאַרגאַנגען,
איז וואָס וואָלט ער געטראַכט?

פֿאַמוסאָוו
ווער קאָן אַרייַנגיין?
סאָפֿיאַ, נעבעך, שלאָפֿט?

ליזאַ
נאָר אַייַנגעשלאָפֿן.

פֿאַמוסאָוו
און בייַ נאַכט? ווו זי ס׳געוועזן?

ליזאַ
די גאַנצע נאַכט געלעזן.

פֿאַמוסאָוו
סאַראַ קאַפּריזן, ניט אַנדערש, מיט אַ מאָל!

ליזאַ
פֿאַרשפּאַרט זיך און אויף פֿראַנצייזיש געלייענט זי אויף אַ קול.

פֿאַמוסאָוו
צו לייענען ביכער, זאָג איר, ברענגט די נוץ אַ קליינע.
די אויגן קאַליע מאַכט צום סוף:
פֿון אַ פֿראַנצייזיש בוך איז איר ניטאָ קיין שלאָף,
און מיר פֿון רוסישן – ניטאָ קיין שלמות.

ליזאַ
זי אויפֿשטיין וועט, כ׳וועלן געבן איר פֿאַרשטיין.
און איצט איר מוזט פֿאָרט גיין:
אַניט זי אויפֿוועקן איר קענט...

פֿאַמוסאָוו

וועמען וועקן?

אַליין דעם זייגער דרייסט, – אין שטאָט אַ טאַראַראַם...

ליזאַ

(הויך אויף אַ קול)

נו, זאָל שוין קלעקן!

פֿאַמוסאָוו

(פֿאַרקוועטשט איר דאָס מויל)

זע סאַראַ גיפֿט.

וואָס שרײַסטו?

דאָס קולכל דײַנס ווײַזסטו?

ליזאַ

עס כאַפּט אַ שרעק, אַז עפּעס זאָל ניט אַרויס דערפֿון...

פֿאַמוסאָוו

אַשטייגער, וואָס?

ליזאַ

שוין צײַט צו וויסן האַר, איר זײַט דאָך ניט קיין קינד;

פֿאַרטאָג דער שלאָף בײַ מיידלעך שאַרף איז אויף אַזוי פֿיל,

אַז טו אַ שעפּטשע נאָר, די טיר אַ סקריפּע: מע הערט...

פֿאַמוסאָוו

דו לײַגסט. ס'איז גאָרנישט ווערט.

סאָפֿיאַס קול

היי, ליזאַ!

פֿאַמוסאָוו

טס־ס!

(גנבֿעט זיך אַרויס פֿונעם צימער אויף די שפּיצפֿינגער)

ליזאַ

(בלײַבט אַליין)

אַוועק! פֿאַר פּריצים, אַך, ווי כ'ציטער;

פֿון זיי אַ צרה קריגן שטענדיק זײַ געגרייט.

פֿון זייער כּעס ווערט פֿינצטער אונדז און ביטער.

פֿון זייער ליבע – ריכט זיך ניט אויף פֿרייד.

אויפֿטריט 3

ליזאַ, סאָפֿיאַ מיט אַ ליכט, נאָך איר גייט מאָלטשאַלין

סאָפֿיאַ

וואָס אויף דיר איז אָנגעפֿאַלן, ליזאַ?

דו שרײַסט...

ליזאַ

ווי אַנדערש דען?

פֿאַרשפּאַרט זיך ביז קאַיאָר, די נאַכט אײַך ז'ניט גענוג?

סאָפֿיאַ

יאָ, ריכטיק.

דער טאָג ס'געקומען צו דער צײַט!

(פֿאַרלעשט דאָס ליכטל.)

אי ליכטיק איז, אי אומעטיק... ווי ס'פֿליִען גיך די נעכט!

ליזאַ

איר טרויערט אַלץ. און מיר דערעסן ווערט.

אַהער אַרײַן דער פֿאָטער, –

געוואָרן בין איך טויט.

כ'האָב זיך געדרייט,

געלײַגט אים, קוים געוואָרן פּטור;

נו, וואָס זשע שטיין זײַט איר געבליבן?

איר, ליבער העלד,

געזעגנט זיך מיט אײַער דאַמע.

ניט אויף אַן אָרט דאָס האַרץ מסתּמא?

איר אויפֿן זייגער טוט אַ קוק, אין פֿענצטער קוקט:
שוין לאַנג אַ שטופּעניש אין גאַסן;
אין שטוב אַ טומל שטייט פֿון רייניקן און וואַשן,
מע קערט, מע קלאַפּט, מע רוקט,
ווי ס'איז דער שטייגער.

סאָפֿיאַ

די גליקלעכע ניט קוקן אויפֿן זייגער.

ליזאַ

איר מעגט ניט קוקן, אויב אײַך געפֿעלט.
צעצאָלן זיך פֿאַר אײַך איז אָבער מיר באַשטעלט.

סאָפֿיאַ

(צו מאָלטשאַלינען)
גייט, אַ גאַנצן טאָג נאָך אומעט לײַדן.

ליזאַ

סײַדן קנאַפּ געפֿרייט זיך?
גאָט איז מיט אײַך, צעשיידט זיך.

(פֿירט זיי פֿונאַנדער. מאָלטשאַלין בײַם אַרויסגיין שטויסט זיך אָן אין פֿאַמוסאָוון.)

אויפֿטריט 4

סאָפֿיאַ, ליזאַ, מאָלטשאַלין, פֿאַמוסאָוו

פֿאַמוסאָוו

וואָס פֿאַראַ פֿאָרפֿאַל, האַ? אָהאָ!
מאָלטשאַלין, דו, מײַן פֿרײַנד?

מאָלטשאַלין

איך.

פֿאַמוסאָוו
פֿאַר וואָס זשע דאָ?
אין אַזאַ שעה? און סאָפֿיאַ אויך! סאָפֿיאַ, אַ גוט מאָרגן.
וואָס אויפֿגעשטאַנען ביסטו אַזוי פֿרי! צו וועלכע זאָרגן?
און פּלוצעם וואָס איַיךביידן האָט גאָט צונויפֿגעפֿירט אין איינעם?

סאָפֿיאַ
אַרײַנגעגאַנגען איז ער נאָר וואָס.

מאָלטשאַלין
נאָר וואָס פֿון אַ שפּאַציר.

פֿאַמוסאָוו
מײַן פֿרײַנד, צי קאָנט איר, מעגלעך, פֿאַר שפּאַצירן
אַן אַנדער ליקל זיך פֿאַרפֿירן?
און דו? דו פּריצטע. נאָר פֿון בעט אַ שפּרונג,
שוין מיט אַ קאַוואַליר, אַ יונג! –
איז עס אַן אַרבעט פֿאַראַ מויד!
אַ נאַכט ניט צומאַכן קיין אויג.
און לעזן דאָס, וואָס ניט געשטויגן, ניט געפֿלויגן;
און אָט איז איַיך די נוץ פֿון ביכער, נאַט!
אַלץ קומט פֿון דאָרט, פֿון באָנאַפּאַרט,
פֿון אויסגעלאַסענע פּראָנצויזן.
די מוזעס, מאָדעס, שרײַבערלעך – מיר ווייסן:
די בײַטלען און די הערצער רויבן זיי אַוועק!
אַך, גאָט מײַנער! ווען ט׳קומען שוין אַן עק!
די טשעפּיקעס! די שפּילקעס! סטענגעס! קוויטן!
צו די ביסקוויטלעך מיט די ביכער־קלייטן!

סאָפֿיאַ
אַך, טאַטינקע, אין קאָפּ סע קלינגט.
פֿון שרעק עס פֿינטלט אין די אויגן.
אַהערצו פֿלינק זײַט איר פֿאַרפֿלויגן,
צעטומלט כ׳בין.

פֿאַמוסאָוו
אַלץ פֿרייליכער עס ווערט:

פֿאַרפֿלויגן כ'בין! איך האָב צעשטערט!
ניין, איך, מײַן טאָכטער,
שוין ניט אומזיסט בין אַ צעקאָכטער.
ס'איז דאגות דאָ און דאגות דאָרט, –
און אויף דער שטעלע, אויפֿן דינסט דו לייגסט די קרעפּטן.
קיין טאָג דו זיצסט ניט אויף אַן אָרט, –
בײַ אַלעמען איז דאָ צו מיר געשעפֿטן!
נאָר אויף אַן אַנדער זאָרג צי דען איך וואַרט!
גאָר ווערן כ'זאָל באַנאַרט...

סאָפֿיאַ

(מיט טרערן)

אַך, טאַטינקע, דורך וועמען?

פֿאַמוסאָוו

אָט קלאָגן זיך ט'מען נעמען.
אַז זיי איך זאָג אַרײַן אַ טאָלק. ניט קלאָג.
איך ווייס שוין וואָס איך זאָג:
דען ווייניק פֿלעגט מען זיך באַמיִען,
וואָס בעסער זיך דערציִען
פֿון קינדווײַז אָן!
דײַן מוטער צוגענומען גאָט, וואָס איך האָב דאַן געטאָן:
מאַדאַם ראָזיע, אַ צווייטע מוטער דיר געדונגען,
און אויך אין דעם האָב איך געלונגען.
דיר נאָכקוקן געשטעלט אַן אַלטע אַ בריליאַנט;
מאַנירן זעלטענע און קלוג, און מיט פֿאַרשטאַנד.
צו איר קיין טענה פֿון מײַן זײַט,
האָט זי אַ שפּיצל אָפּגעטאָן אַ שענדלעכס:
פֿאַר איבעריקע צענדליק רענדלעך
געלאָזט פֿאַרנאַרן זיך צו לײַט.
נאָר אויס מאַדאַם! ניט זוכן טויג דאָ פֿרעמדע ראַטן,
אַז פֿאַר די אויגן איז דער בײַשפּיל פֿונעם טאַטן.
אָט קוק אויף מיר: כאָטש אויפֿן קערפּער בין איך שוואַך,
נאָר מונטער, פֿריש, ביז גרויע האָר דערלעבט שוין.
אַן אַלמן. פֿרײַ, אויף זיך אַליין אַ הערשער...
און לויטן אויפֿפֿיר כ'בין באַקאַנט ווי אַ מאָנאַך!..

ליזאַ
כ׳וועל זיך דערוועגן, הער...

פֿאַמוסאָוו
אַנטשוויגן ווער!
וואָס הייבט מען אָן... וואָס פֿאַראַ דור אַ שלעכטער!
ניט נאָך די יאָרן אַלע קלוג, דערהויפּט די טעכטער.
די טיר צעפּראַלט, אין שטוב אַרײַן און אויף בילעטן
מיר האָבן שלעפּערס ליב צו בעטן, –
די טעכטער לערנען, לערנען אַלץ...
ווי צערטלעך זײַן! ווי זיפֿצן! זינגען! טאַנצן!
פֿון זיי ווי פּרויען גרייט מען פֿאַר קאָמעדיאַנטן.
דו, ליבער הער, ביסט ווער?
וואָס דאָ, באַזוכער, טוסטו?
גוט וויסן, דאַכט זיך, מוזסטו,
אַז דיך דערוואַרעמט כ׳האָב אַ פֿרעמדן קינד,
צו זיך אַרײַנגענומען אין געזינד.
אַ טשין געשענקט פֿון אַן אַסעסער,
געמאַכט פֿון דיר אַ סעקרעטאַר: וואָס דאַרף מען בעסער;
אין מאָסקווע אַנדערש וואָלסט געטראָפֿן דען אַהער?
אויב נאָר ניט איך פֿאַרשוואַרצט געוואָרן ערגעץ־ווו אין טווער[1].

סאָפֿיאַ
כ׳באַנעם גאָר ניט, פֿאַר וואָס זאָל מען אים שטראָפֿן –
אַן אומגליק גרויסער! ער וווינט דאָך דאָ אין שטוב,
געגאַן אין צימער איינעם, אין צווייטן ער׳ט געטראָפֿן.

פֿאַמוסאָוו
געטראָפֿן? צי טרעפֿן פֿאָרט געמיינט?
ווי קומט איר בײדע דאָ צוזאַמען?
דען צופֿעליק?

סאָפֿיאַ
דער צופֿאַל אָט אין וואָס באַשטייט:
אַז איר אויף ליזאַן האָט געשריִען,
געלאָזן זיך אַהער האָב איך פֿון אַלע פֿיס...

פֿאַמוסאָוו

נו, איצט אויף מיר געוויס
דעם גאַנצן זשום וועט מען פֿאַרקערן.
ניט אין דער צײַט, זעט איר, מײַן קול זיי וועקן!

סאָפֿיאַ

אַ קלייניקייט אין חלום אונדז דערשרעקט:
דעם חלום ווילט איר הערן?
אַלץ קלאָר וועט ווערן באַלד.

פֿאַמוסאָוו

וואָס פֿאַראַ מעשׂה?

סאָפֿיאַ

אײַך דערציילן?

פֿאַמוסאָוו

יאָ
(זעצט זיך.)

סאָפֿיאַ

דערלויבט... פֿון אָנפֿאַנג, זעט איר...
אַ לאָנקע קווייטן אַרום מיר,
און דאָרט געזוכט האָב איך אַ גראָז,
אַ וועלכס איך געדענק ניט, צום פֿאַרדראָס.
און מיטאַמאָל אַ מענטש פֿון די, וואָס איין מאָל,
אַז מע זעט זיי, – ניט צו פֿאַרגעסן שוין קיין מאָל.
האָט לעבן מיר דערשײַנט
אַזאַ מין ליבער פֿרײַנד:
אי קלוג, מיט שאַרם, אי איידל,
נאָר אויפֿהייבן אַן אויג האָט מורא אויף אַ מיידל.
אַ שרעקעוודיקער יונגער־מאַן...
איר ווייסט, געבוירן ווער עס ווערט אַן אָרעמאַן...

פֿאַמוסאָוו

אַך, מוטערל! הער אויף דערמיט!
אַן אָרעמאַן איז דיר קיין פּאָר ניט.

סאַפֿיאַ

דערנאָך אַ דונער טוט אַ שאָס:
פֿאַרפֿאַלן ווערט די לאָנקע מיטן גראָז, –
מיר זײַנען ביידע אין אַ שווידערלעכן חדר.
צו אַלע נסים אין דער שטיל.
סע עפֿנט זיך דער דיל –
און איר פֿון דאָרט אין מאָדנע קליידער.
דאָס פּנים בלאַס, ווי טויט,
פֿון אײַער מויל אַ פֿײַער קנוילט!
דאָ מיט אַ טומל, מיט העוויות,
גאָר ניט קיין מענטשן, ניט קיין חיות,
זיי רײַסן זיך אַרײַן געשווינד און אים,
וואָס איז געזעסן לעבן מיר,
גענומען האָט מען שטיקן.
ער איז מיר טײַערער פֿון אַלע גליקן.
צו אים וויל איך –
און איר – שלעפּט מיך.
אונדז קולות שרעקלעכע באַגלייטן!
מע לאַכט! מע פֿײַפֿט! די צונג מע שטעקט אַרויס!
ער נעבעך רײַסט זיך פֿון די קייטן.
צו מיר די הענט אַנטקעגן שטרעקט ער אויס...
זיך אויפֿגעכאַפּט, – פֿון ערגעץ מענטשן ריידן:
דוכט, אײַער קול איך הער.
וואָס אַזוי פֿרי, איך קלער?
פֿלי איך אַהער און טרעף אײַך ביידן.

פֿאַמוסאָוו

יע, יע...
אַ שלעכטער חלום, ווי איך זע.
שרעק, ליבע, קווייטן, שדים – מע קאָן אַ סך דאָ קריגן,
אויב אַלץ איז ניט קיין ליגן.
נו,
מײַן פֿרײַנד, און דו?

מאָלטשאַלין

געהערט כ'האָב אײַער קול.

פֿאַמוסאָוו

וואָס טויג עס אײַך, דערקלערט זיך:
מײַן קול זיי האַסטיק הערט זיך.
און רופֿט צונויף אַהער פֿאַרטאָג!
וואָס דיך געטריבן האָט מײַן קול? נאָך וואָס זשע, זאָג.

מאָלטשאַלין

מיט די פּאַפּירן...

פֿאַמוסאָוו

יאָ! געפֿעלט האָט נאָך אַ פּלאָג!
פֿון וואַנען מיטאַמאָל דער חשק
זיך אָפּגעבן גאַנץ פֿרי מיט עסק!
(שטייט אויף.)
נו, סאָפֿיושקאַ, כ'וועל לאָזן דיך צו רו:
אין חלום ס'טו געוווּנען.
אַ גראָז געזוכט האָסטו,
אַ פֿרײַנד פֿאַר זיך געפֿונען.
אַצינד דאָס אַלץ פֿאַרגעס;
אויף גוטס זאָלסטו ניט האָפֿן,
ווו ס'שמעקט נאָר מיט אַ נס, –
גיי לייג זיך צו, און ווידער ווער אײַנשלאָפֿן
(צו מאָלטשאַלינען)
נו, די פּאַפּירן קוקן קום.

מאָלטשאַלין

צו אַ באַריכט כ'האָב זיי געטראָגן,
ווײַל צו אַ טאָלק מע קאָן זיך ניט דערשלאָגן.
גענוג אויף אָנגעשריבן זײַנען קרום.

פֿאַמוסאָוו

מײַן פֿרײַנד, פֿאַר איינס כ'האָב מורא שרעקלעך,
זיי נאָר ניט אָנצוקלײַבן פּעקלעך.
אײַך לאָז –
וואָלט איר מיט אײַער נאָז
אין זיי געוויס פֿאַרקליבן:
צי גלײַך, צי קרום געשריבן, –

בײַ מיר גאַנץ פֿראָסט, ניט דרייען זיך אַ קאָפּ,
געחתמעט און פֿון קאַרק אַראָפּ.
(גייט אַוועק מיט מאַלטשאַלינען.)

אויפֿטריט 5

סאָפֿיאַ, ליזאַ

ליזאַ

דערוואַרט זיך אָט! אָט אײַך די חגא אַ צעשטערטע!
ניין, איצט איז שוין מיט יאַשטשערקעס געלעכטער;
דאָס האַרץ פֿאַרגאַנגען זיך, כ׳גיי אויס, איך פֿיל;
די זינד איז ניט קיין צרה,
די צרה שטעקט אין לשון־הרע.

סאָפֿיאַ

וואָס לשון־הרע? זאָל מען ריידן וואָס מע וויל.
פֿאַרטראַכטן זיך דער טאַטינקע וועט צווינגען.
אַ לידעלע ער ליב האָט שטענדיק זינגען:
און ברומט, ווערט אויפֿגעבראַכט פֿון סתּם אַ האָר...
איצט אָבער, שטעל זיך פֿאָר...

ליזאַ

איך שטעל זיך פֿאָר דעם סוף דעם שיינעם:
אײַך זיכער ר׳וועט פֿאַרשפּאַרן, נאָך גוט – מיט מיר.
אַניט, מאַלטשאַלינען, מיט אַלעמען אין איינעם
וועט ווײַזן ראַפּטעם אויף דער טיר.

סאָפֿיאַ

אַ טראַכט צו טאָן, ווי ס׳גליק האָט זיך געביטן!
עס טרעפֿט זיך ערגערס – פֿונעם האַרץ אַראָפּ:
אַ שטיין אויף דער נשמה, דאַן לײַדיק איז דער קאָפּ...
זיך אין מוזיק פֿאַרגעסן, שטיל די צײַט האָט זיך געמיטן.
קיין שרעק און צווייפֿל, ווי דאָס מזל ט׳אונדז געהיט,
און אָט אַן אומגליק פֿון אַ ווינקל קריכט.

ליזאַ

דאָס קומט אַרויס, ווען מײַנע רייד איר האַלט פֿאַר מיאוס;
אַן אומגליק אָט! וואָס דאַרפֿט איר בעסערע נבֿיאות,
געטענהט: פֿון דער ליבע וועט ניט זײַן קיין טאָלק.
קיין גוטס וועט זי ניט געבן.
קיין מאָל ניט אין דעם לעבן;
דער פֿאָטער אײַער איז דאָך פֿון מאָסקווער פֿאָלק[2]:
אַן איידעם וויל ער: אי מיט אָרדענס, אי מיט טשינען,
און צווישן זיי אַ גבֿיר ניט אַלע מאָל איז צו געפֿינען;
שוין אָפּגערעדט פֿון געלט,
אַ לעב טאָן אויף דער וועלט
און געבן בעלער זאָל ער זײַן אַ בעלן:
כאָטש דער פּאָלקאָווניק סקאַלאָזוב:
אַ רײַכע האָט ער שטוב.
און קריכט אין גרויסע גענעראַלן.

סאָפֿיאַ

אַך, ווי ער איז מילד! ווי שטאַרק מיך קאָן דערפֿרייען
אַ לעבן הערן וועגן פֿרונט און וועגן רייען;
אַ וואָרט אַ קלוגס ניט שענקען וועט ער אײַך. –
אַלץ איינס, צו זײַן פֿאַרהייראַט, צי וואַרפֿן זיך מיט קאָפּ אין טײַך.

ליזאַ

יאָ, האָט אַ לשון, קאָן מען זאָגן,
נאָר שׂכל פֿעלט;
אויב זיך נאָך שׂכל יאָגן,
ווער יאָ אַזוי איז הערצלעך, שאַרף, דערצו אַ העלד.
און סײַ אַ מיליטער־מאָן, סײַ אַ שטאַטסקער.
כ׳מיין אַלעקסאַנדר אַנדרייִטש טשאַצקי!
דערמאָנט אים ניט צו דערלאַנגען אײַך אַ שטאָך:
שוין לאַנג אַוועק, ניט אומקערן שוין דאָך.
ס׳געדענקט זיך נאָר...

סאָפֿיאַ

ס׳געדענקט זיך וואָס? פֿון לײַטן שענער
ער יענעם אויסלאַכן אַ קענער,

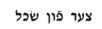

שפּאַסט, באַלבעט, מיר אונטערהאַלטן אים איז ניט קיין שאָד?
ער קאָן מיט יעדן טיילן שפּאָט.

ליזאַ

און שוין? און מער אויף אים ט'איַיך ניט פֿאַרדראָסן?
מיט טרערן, נעבעך, זיך באַגאָסן,
מיט איַיך, ווען ער האָט זיך צעשיידט, –
וואָס קלאָגט איר, האַר, לעבט פֿראַנק־און־פֿריַי אין פֿרייד. –
צו אים דאָ זאָג איך.
און ער מיר: „ניט אומזיסט, אַך, ליזאַ, קלאָג איך,
ווער ווייסט, צו וועלכן גליק
מיַין גורל־ראָד וועט מיך דערפֿירן?
וואָס וואַרט מיך דאָ, ווען כ'וועל זיך אומקערן צוריק?
און וויפֿל, מעגלעך, כ'וועל פֿאַרלירן!"
גליַיך ווי געוווּסט, – ס'וועט דורכגיין אַ יאָר דריַי נאָך דעם...

סאָפֿיאַ

הער אויס, קיין צופֿיל פֿריַיקייט זיך ניט נעם,
ס'קאָן זיַין, כ'האָב ליַיכטזיניק געהאַנדלט,
נאָר אין פֿאַרעטערין זיך ניט פֿאַרוואַנדלט?
אַז אים כ'בין ניט געטריַי
מע זאָל מיר שטעכן מיַינע אויגן?
מיט טשאַצקין, אמת, כ'בין געוואַקסן און דערצויגן;
אונדז אַ געוווינשאַפֿט צו פֿאַרברענגען זאַלבע צווייט
פֿון קינדשאַפֿט פֿריַינדלעכקייט פֿאַרבונדן;
דערנאָך מיט אונדז צו זיַין – געבראַכט אים ווּניציק פֿרייד.
האָט ער פֿאַרלאָזט דאָס הויז און איז פֿאַרשוווּנדן.
זיך וויַיזן פֿלעגט ער איין מאָל אין אַ וואָך;
דערנאָך, פֿאַר אַ פֿאַרליבטן ווידער ער'ט געמאַכט זיך,
פֿון מיר ניט אויף אַ טראָט, אין ברוגז וואַרפֿט זיך!
סיַי קלוג, סיַי שאַרף, סיַי שיַינט.
און זייער מזלדיק אויף פֿריַינד.
און פּלוצעם גרויס ביַי זיך געוואָרן...
אַרומפֿאָרן אויף אים געפֿאַלן אַ באַגער.
אַך! אויב נאָר ליב האָט וועמען ווער,
צי דאַרף מען שׂכל זוכן אין וויַיטע וויַיטענישן פֿאָרן?

ליזאַ

ווו טראָגט ער זיך אַרום? ווו וואַנדערט? מע דערציילט,
אַז אויף די וואַסערן ער ט'זיך געהיילט, –
ניט פֿון אַ קרענק, חלילה, נאָר פֿון אומעט, קלער איך...

סאָפֿיאַ

מ'איז גליקלעך דאָרט, ווו מענטשן פֿרייִלעך זײַנען מערער.
ניין, ניט אַזאַ איז יענער, וואָס ליב אים האָב איך:
צ'ליב לײַט מאָלטשאַלין גרייט איז צו פֿאַרגעסן זיך, –
אויף יענעם פֿײַנט לצנות הענגען.
אַלץ שעמעוודיק, ניט דרייסט
אַ גאַנצע נאַכט מע קאָן אַזוי מיט אים פֿאַרברענגען!
דער טאָג שוין גרייסט –
מיט אים אַלץ זיצסטו,
מיט וואָס, ווי קלערסטו, זײַנען מיר פֿאַרנומען?

ליזאַ

גאָט ווייסט!
צי זאָל עס זײַן מײַן דאגה, פֿריצטע?

סאָפֿיאַ

מײַן האַנט ער נעמט צום האַרצן דריקן,
און די נשמה שיקט אַ קרעכץ,
קיין וואָרט ניט איבעריקס,
די צײַט אַזוי פּאַמעלעך רוקט זיך. –
מיר זיצן אָפּ אַ נאַכט,
שטיל, האַנט בײַ האַנט, –
פֿון מיר קיין אויג ניט נעמט אַראָפּ... וואָס לאַכסטו?
שוין קומט עס מיר
אַזאַ געלעכטער מאַכסטו,
פֿרעג איך עס בײַ דיר?

ליזאַ

מיר צום דערמאָנען איז אײַער מומינקע געקומען.
מיט איר, מיט אײַער מומען,
אַ צופֿאַל איז אַרויס, –
אַנטלאָפֿן אַ פֿראַנצויז אַ יונגער פֿון איר הויז.

אַך! טײַבעלע! ס'איז דער פֿאַרדראָס פֿון האַרצן
געוועזן גרויס אַזוי:
אַז ז'האָט די האָר פֿאַרגעסן שוואַרצן,
און פֿאַר דרײַ טעג געוואָרן גרוי.
(זעצט פֿאָר צו לאַכן.)

סאָפֿיאַ
(מיט באַדויער)
אַזוי פֿון מיר דערנאָך ט'מען לאַכן...

ליזאַ
אַנטשולדיקט, מיט מײַן לאַכן
געוואָלט אײַך פֿרײלעך מאַכן.
איך בין נאָך יענע צאַצקע...

אויפֿטריט 6

סאָפֿיאַ, ליזאַ, באַדינער, נאָך אים טשאַצקי

באַדינער
צו אײַך לעקסאַנדר אַנדרײיִטש טשאַצקי.
(גייט אַוועק)

אויפֿטריט 7

סאָפֿיאַ, ליזאַ, טשאַצקי

טשאַצקי
נאָר טאָג – שוין אויף די פֿיס! און אײַך כ'באַגריס.
(קושט מיט היץ די האַנט.)
טוט זשע אַ קוש, טוט מיר אַ קוק אין פּנים,
זאָגט, ניט דערוואַרט? צופֿרידן? ניין? פֿאַרוווּנדערט נאָר?
און גאָר?
אַן אויפֿנאַם אָט... פֿון ליבע קיין סימנים!
ווי בלויז אַ וואָך עס וואָלט אַדורך,

צוזאַמען נעבטן ווי געזעסן, –
איינער דעם צווייטן, כ׳ווייס ניט ווי דערעסן,
קיין טראָפּן ליבע ניט! און איך דערוויַיל,
ווי אָן אַ האַרץ, אין מאַטערניש און אין יסורים,
בין דורכגעפֿלויגן טויזנט מיַיל
ניט צוגעמאַכט קיין אויג, – אַ ווינט, אַ שטורעם.
געפֿאַלן וויפֿל מאָל, – און סאַראַ דאַנק איך קריג
פֿאַר אַלץ, וואָס כ׳האָב געליטן!

סאָפֿיאַ

אַך טשאַצקי, כ׳בין פֿון איַיך צופֿרידן.

טשאַצקי

צופֿרידן? סאַראַ גליק.
קיין גרויסע פֿרייד פֿון איַיך ניט קריג!
מיר דוכט זיך, שוין צום סוף,
אַז יאָגנדיק צו איַיך אָן אָפּרו, אָן אַ שלאָף,
נאָר זיך אַליין האָב איך געטרייסט.

ליזאַ

אָט הערט, הינטער דער טיר ווען איר וואָלט שטיין!
איך שווער איַיך, אַז ניטאָ קיין פֿינף מינוטן,
ווי איַיך דערמאָנט האָט מען צו גוטן.
זאָגט, פֿריַילין, איר אַליין.

סאָפֿיאַ

ניין, שטענדיק, ניט נאָר פֿריִער –
אויף מיר פֿאַראיבל האָבן צי איר קאָנט?
ביַי אַ געלעגנהייט אַ יעדער איַיך דערמאָנט,
ווי עמעצער פֿאַרביַי לעם אונדזער טויער –
כאָטש פֿון דער פֿרעמד, אַ שיפֿמאַן כאָטש, איך גליַיך צו זיי, –
צי איַיך אין זשום און ליאַרעם,
צי אין פּאָסט־קאַרעטע ניט געזען?

טשאַצקי

זאָל זיַין אַזוי.
געבענטשט איז דער, וואָס גלייבט, ס׳איז אויף דער וועלט אים וואַרעם! –

אַך! גאָט, מײַן גאָט, דען ווידער בין איך הי,
אין מאָסקווע! דאָ בײַ אײַך! אײַך צו דערקענען ווי!
דאָס מילדע עלטער ווו? ווו יענע צײַט פֿאַרגאַנגען?
אַז פֿלעגט זיך טרעפֿן אין אַן אָוונט אין אַ לאַנגן,
מיר טומלען איבער טישן, איבער בענק.
מיר קומען, ווערן נעלם דאָ און דאָרטן –
און אײַער פֿאָטער, איך געדענק,
מיט דער מאַדאַם בײַ קאָרטן:
מיר אין אַ שטילן ווינקל, אָט אין יענעם, דוכט מיר:
ר׳געדענקט? עס נעמט אַ שרעק – אַ סקריפּ פֿון טישל צי פֿון אַ טיר...

סאָפֿיאַ
אַל׳ץ קינדער־שפּילערײַ!

טשאַצקי
אַזוי גאָר הייסט עס,
און איצט, אין זיבעצן צעבליטע יאָר,
ניטאָ קיין גלײַכע אײַך, און איר אַוודאי ווייסט עס.
און דאָך, באַשיידן זײַט איר, קוים די געזעלשאַפֿט וואָס איר זעט.
צי ניט פֿאַרליבט זײַט איר? מיר ענטפֿערן, איך בעט.
דערציילט, ניטאָ זיך וואָס צו שעמען.

סאָפֿיאַ
צי ניט פֿאַרשעמען וועלן ועמען
אַ נײַגעריקער בליק
מיט פֿראַגעס הונדערט...

טשאַצקי
דערבאַרעמט זיך: אויב ניט פֿון אײַך, פֿון וועלכן גליק
אין מאָסקווע זײַן פֿאַרוווּנדערט?
וואָס קאָן מיר מאָסקווע ווײַזן נײַ?
איין באַל געוועז איז נעכטן, און מאָרגן – דרײַ.
דער האָט זײַן שידוך אָפּגעלאָזט, און יענעם גראַטולירן קאָן מען.
דער זעלבער קלאַנג. די זעלבע סטראָפֿעס אין אַלבאָמען.

סאָפֿיאַ
אויף מאָסקווע אַ פֿאַרפֿאָלגונג, ס׳הייסט, אַ וועלט געזען!
און ווו איז בעסער?

טשאַצקי

מיר זײַנען דאָרט נאָך ניט געווען.
נו, וואָס מאַכט דער פֿאָטער אײַער?
פֿון ענגלקלוב נאָך אַלץ אַ מיטגליד אַ געטרײַער?
און פֿעטערל, זײַן וועלט האָט אָפּגעשפּרונגען שוין?
און יענער גריך צי ווער איז ער, אַ טערק, כ'מיין דער פּאַרשוין
דער שוואַרצינקער, וואָס אויף די בושל־פֿיסלעך,
ווו־הין דו טוסט זיך ניט אַ קער –
פֿול אומעטום איז ער,
אין יעדן זאַל, בײַ אַלע טישלעך?
און אָט די דרײַ געמיינע לײַט,
ווי זיך צו מאַכן יונג ביז ווײַסע האָר אַלץ קלערט מען?
אַ וועלט מיט אייגענע פּאַרמאָגן, דורך שוועסטער מיט דער צײַט,
מיט גאַנץ אייראָפּע קרובֿים ווערט מען.
און אונדזער אוצר, אונדזער גאָלד?
באַלעט, טעאַטער – אויפֿן שטערן אָנגעמאָלט:
זײַן הויז צעפּוצט איז אין קאָלירן גרינע,
אַליין ז'ער דיק, און די אַרטיסטן זײַנע דינע.
ר'געדענקט, געעפֿנט מיר באַנאַנד,
באַהאַלטן איז געווען אַ מענטש הינטער דער וואַנט
און ווי אַ נאַכטיגאַל געפֿײַפֿט האָט ער דורך פֿינגער,
אין מיטן ווינטערצײַט אַ זומערדיקער זינגער.
און אײַער קרובֿ, דער טשאַכאָטאָטשנער צו לעצט –
אין לערן־קאָמיטעט זיך האָט באַזעצט
און אויף אַ קול דעם גאָרגל זיך געריסן,
קיין ביכער אָנזען ניט געקאָנט,
דערפֿאַר געפֿאָדערט און געמאָנט,
אַז אויס דער לערע, קיין גראַמאָטע מע זאָל ניט וויסן!
צו זען זיי אויף דער מאָסקווער ערד
איז ווידער מיר אַצינד באַשערט.
מיט זיי צו לעבן ס'קאָן דערשרעקן,
צוריק גערעדט, איז דאָ, כאָטש איינער אָן קיין פֿלעקן?
אַהיים, ווען נאָך אַ לאַנגער רײַזע טראָגן דיך די פֿיס,
דער רויך פֿון פֿאָטערלאַנד ז'אונדז אָנגענעם און זיס!

סאָפֿיאַ

כ'מוז אײַך צונויפֿפֿירן מיט אונדזער טאַנטע,
צו איבערקלײַבן די באַקאַנטע.

טשאַצקי

די מומינקע? ווי זעט זי אויס?
אַ מיידל אַ מינערווע אין איר, ווי פֿריִער, הערשט?
געבליבן נאָך אַ פֿרײַלין פֿון קאַטרין דער ערשטער?
מיט הינטלעך און דערצויגלינגערנס פֿול נאָך אַלץ איר הויז?
שוין! מיר איבערגייען לאָמיר צו דער דערציִונג:
אַלץ גרויס נאָך די באַמיִונג
ווי אין דער אַלטער צײַט:
זיך אָנצוקלײַבן לערער,
וואָס ביליקער זאָל זײַן דער פּרײַז
און צאָל – וואָס מערער?
ניט וואָס אין קענטשאַפֿט איז מען ווײַט:
דאָ אין ראַסיי אונטער אַ שטראָף אַ גרויסער,
אַז אויבן זאָגט מען: „ר'איז אַ ווייסער!" –
מוז זײַן אַזוי פֿאַר פֿרײַנד און פֿײַנט!
דעם מענטאָר איר געדענקט, זײַן שלאָפֿראָק מיטן הוט,
דעם טײַטל זײַנעם מיטן רוט –
פֿון לערערײַ די צייכנס אַלע,
וואָס אײַנגעזאַפּט האָט אונדזער שׂכל און געשטוינט,
און גלייבן זײַנען מיר שוין יאָרן לאַנג געוווינט,
אַז אָן די דײַטשן זײַנען מיר פֿאַרפֿאַלן! –
און דער פֿראַנצויז, דער ערשטער טענצער, גיליאָמע?
נאָך ניט באַווײַבט?

סאָפֿיאַ

מיט וועמען?

טשאַצקי

מיט אַ פֿירשטין, כ'ווייס?

סאָפֿיאַ

ווי אַ טאַנצמײַסטער? זאָגן דאַרף מען קאָנען!

טשאַצקי

וואָס זשע, ניט גענוג מאַניר?
דערפֿאַר איז ער אַ קאַוואַליר...
בײַ אונדז אַ טשין מיט אַ מאַיאָנטיק וועט מען מאָנען.

און בײַ גיליאָמע... וואָס פֿאַראַ טאָן דאָ איצטער הערשט?
מע פֿאָרט צונויף זיך אויף די חגות עק פֿון עקן,
און אַ מישמאַש פֿון שפּראַכן טראָגט זיך און דו הערסט,
ווי אַלערליי פֿאַרשוינען דאָרט קאַליאַקען?

סאָפֿיאַ

אַ מישמאַש פֿון שפּראַכן?

טשאַצקי

אַנדערש ווי? פֿון צוויי.

ליזאַ

נאָר ניט אַרויס פֿון זיי
ווי אײַערער כאָטש איינער.

טשאַצקי

דערפֿאַר איז ער אַ ריינער.
אָט נײַעס! – ווי נאָר דערזען כ'האָב אײַך, פֿון פֿרייד
כ'בין לעבעדיק געוואָרן, געלאָזן זיך אין רייד.
עס טרעפֿט ניט דען, אַז פֿון מאָלטשאַלינען כ'בין קליגער?
וואָס, אַגבֿ, ער איז נאָך אַ היגער?
אַ שווײַגער אַלץ? וואָס איצט ער טוט?
ס'פֿלעגט טרעפֿן, ווו אַ העפֿט מיט לידעלעך דערזעט ער?
גלײַך שטייט ער צו, אַנטלײַען בעט ער:
אַראָפּצושרײַבן גיט, זײַט אַזוי גוט.
צוריק גערעדט, אַזעלכע ווי ער דערגייען קאָנען ביז קיסרים.
מע ליבט דאָך איצט אַ שטילן וואָרעם.

סאָפֿיאַ

(אין אַ זײַט)
ס'איז ניט קיין מענטש – אַ שלאַנג!
(הויך און געצוווּנגען)
כ'וויל אײַך אַ פֿרעג טאָן לאַנג:
צי אײַך האָט ווען עס איז געמאַכט זיך
פֿון פֿרייד, פֿון אומעט, קאָן זײַן, אַז פֿאַרטראַכט זיך
אַ זאָג טאָן וועגן וועמען גוטס?
ניט איצט, איז כאָטש אין קינדערווײַז?

טשאַצקי

ניט רײַף װען אַלץ איז, גרין, געװוּינטלעך?
צי דאַרף מען זוכן, װאָס געשען איז נעמלעך?
אַ גוטע זאַך כ׳האָב אָפּגעטאָן ניט לאַנג:
אין שפּאַן אין שליטן מיט אַ גלעקל־קלאַנג
דורך אַ פֿאַרשנייטן מידבר, טאָג און נאַכט צעטומלט
צו אײַך איך אײַל, װי אָן אַ קאָפּ איך פֿלי,
און אַײַך געפֿין איך װי?
איך לײַד פֿון אײַער קאַלטקייט אָט אַ שעה!
אַ מאָדנע, זע איך, שטרענגע תּנועה!
אַן אויסזען פֿון אַ הייליקסטער אַ צנועה!
אויף מיר אַ קוק צו טאָן איר טוט עס ניט צוליב!
פֿון דעסטװעגן, נאָך אײַך כ׳גיי אויס, איר זײַט מיר ליב!..
אַ רגע שטילשװײַגן.
הערט אויס, צי דען ׳זוי שטעכיק זײַנען מײַנע װערטער?
אַז עמעצער אַ שאָדן קריגט פֿון מײַן געלעכטער?
דער שׂכל דאַן איז מיטן האַרץ צעקריגט,
כ׳זע אויס גאָר אויסטערליש אַמהעכסטן:
איך טו אַ לאַך, דערנאָך פֿאַרגעסן;
אין פֿײַער מיטן קאָפּ מיר הייסט: װי אויף אַ װאַרמעס װעל איך גיין.

סאָפֿיאַ

גוט, אויב פֿאַרברענט איר װערט, און טאָמער ניין?

אויפֿטריט 8

סאָפֿיאַ, ליזאַ, טשאַצקי, פֿאַמוסאָװ

פֿאַמוסאָװ

און אָט איז אַ צװייטער.

סאָפֿיאַ

אַך, טאַטינקע, דער חלום אויף אַן אמת גייט ער.
(גייט אַװעק.)

פֿאַמוסאָוו
(אַז טשאַצקי זאָל ניט הערן)
פֿאַרפֿלוכטער חלום.

אויפֿטריט 9

פֿאַמוסאָוו, טשאַצקי
(קוקט אויף דער טיר, וווהין סאָפֿיאַ איז אַוועק)

פֿאַמוסאָוו
נו באַוויזן ס'טו אַ קונץ!
דרײַ יאָר קיין וואָרט ניט אָנצושרײַבן אונדז.
פֿון הימל פֿאַלט אין איינעם אַ פֿרימאָרגן!
נעמען זיך אַרום.
גוט מאָרגן. פֿרײַנד, גוט מאָרגן, ברודערל, גוט מאָרגן!
ידיעות וויכטיקע געוויס געבראַכט אַ וועלט?
זעץ זיך אַנידער, גיכער מעלד.
מע זעצט זיך.

טשאַצקי
(צעשטרויט)
אַך, סאָפֿיאַ פּאַוולאָוונאַ בײַ אײַך, וואָס פֿאַראַ שיינהייט!

פֿאַמוסאָוו
איר, יונגע מענטשן, האָט נאָר איין געוווינהייט,
באַמערקן שיינקייט מיידלשע: געזאָגט האָט זי אַ וואָרט,
און דו האָסט גלײַך געמאַכט אַ קוואָרט,
אין האָפֿענונגען זיך געוויס געלאָזן.

טשאַצקי
אַך, ניין, אויף האָפֿענונגען בין איך ניט צעלאָזן.

פֿאַמוסאָוו
„דער חלום אָט", האָט זי דערלויבט אַ שעפּטשע טאָן.
האָסטו פֿאַרטראַכט שוין...

טשאַצקי
איך? ניט הייבט זיך אָן!

פֿאַמוסאָוו
איז וועגן וועמען איז דער חלום?

טשאַצקי
איך בין קיין טרעפֿער ניט.

פֿאַמוסאָוו
אַלץ פּוסטע רייד. ניט גלייב איר.

טשאַצקי
איך גלייב נאָר דעם, וואָס ס'זעט מײַן אויג:
דאָך אויף דער וועלט ניטאָ, דעם קאָפּ איך לייג,
אַז עמעצער מיט איר זאָל זײַן געגליכן.

פֿאַמוסאָוו
ער ווידער זײַנס, דערצייל זשע שוין וואָס גיכער
געוועזן ווו? געבלאָנדזשעט האָסט אין וועלכן פֿעלד?
פֿון וואַנען איצט?

טשאַצקי
צי ליגט דאָס איצט מיר אין זכּרון!
געוואָלט אַרומפֿאָרן אַ וועלט –
קיין הונדערטל ניט דורכגעפֿאָרן.
(שטייט אויף אײַליק.)
אַנטשולדיקט, ווי איר לעבט
אַ קוק צו טאָן האָב איך געשטרעבט.
און איצט אַהיים, כ'בין דאָרט נאָך ניט געוועזן.
אַ גוטן! אַ שעה געננוג, און גלײַך
צוריק כ'וועל קומען און דערציילן אײַך,
און איר, דער ערשטער, מיט אַנדערע זיך טיילן.
(אויף דער שוועל פֿון דער טיר)
ווי שיין איז זי!
(גייט אַוועק.)

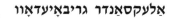

אויפֿטריט 10

פֿאַמוסאָוו (אַליין)

פֿאַמוסאָוו
איז ווער זשע פֿון די צוויי?
„אַך, טאַטינקע, דער חלום אויף אַן אמת גייט ער!"
די ווערטער אויף אַ קול זי זאָגט מיר זיי!
אָט בין איך אַ צעדרייטער –
אַ שטרעק!
מאָלטשאַלין מיך שיִער ניט אַראָפּגעפֿירט פֿון וועג,
אַצינד אין פֿלאַם פֿון פֿײַער:
אַ קאַפּצן יענער, און דער – אַ ווינט אַ פֿרײַער.
אַך, גאָט מײַנער, וואָס פֿאַראַ פּײַן,
אַ פֿאָטער בײַ אַ טאָכטער אַ דערוואַקסענער צו זײַן.

(גייט אַוועק.)

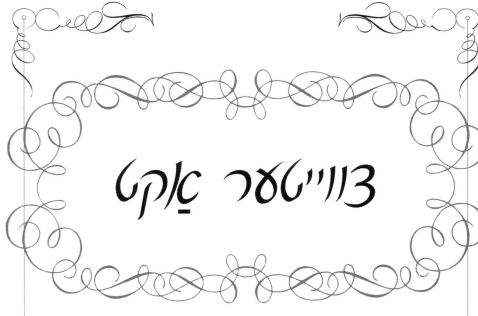

צווייטער אַקט

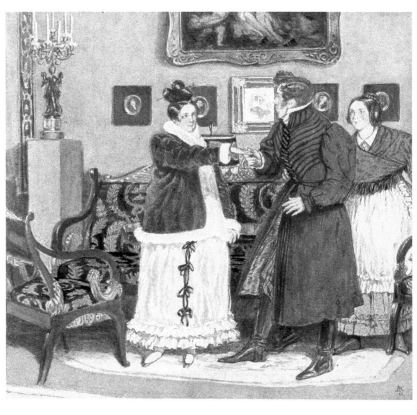

אויפֿטריט 1

פֿאַמוסאָוו, לאַקיי

פֿאַמוסאָוו

פּעטרושקאַ, האָסט מיך שוין פֿאַרמאַטערט,
אַלץ מיט אַ נײַעס, דער אַרבל איז צעפּלאַטערט.
אָט נעם דעם קאַלענדאַר;
ניט לייען ווי פּאָנאָמאַר[3],
מיט אַ געפֿיל, מיט טעם, דער אינהאַלט זאָל זײַן קאָנטיק.
שטיי, מאַך אַ צייכן, אַז דעם קומענדיקן מאָנטיק,
פּראַסקאָוויאַ פֿיאָדראָוונאַ צום טיש
פֿאַרבעטן האָט מיך עסן פֿיש.
ווי מאָדנע איז די וועלט באַשאַפֿן, אָ, גאָט מײַן ליבער!
אַ טראַכט צו טאָן כאַפּט אָן אַ פֿיבער:
אָט היטסטו זיך מיט יעדן ביסן,
און אָט מע רופֿט דיך שוין צו געסט:
דרײַ שעה דו עסט
און פֿאַר דרײַ טעג עס קאָכט ניט איבער!
אַ צייכן מאַך באַלד נאָך
שוין אויף אַ צווייטער שורה,
דעם זעלבן טאָג אויף יענער וואָך...
ניין, דאָנערשטיק, בין איך פֿאַררופֿן אויף אַ קבֿורה.
דער דור דער מענטשלעכער! מע נעמט דאָך ניט אין זין,
מע וויל גאָר ניט אַ טראַכט טאָן,
אַז קריכן ט׳אויסקומען אַיעדן
אין קעסטל דעם, ווו ניט צו לאַכן און ניט קוועלן;
נאָר וועגן זיך אַן אָנדענק ווער
וויל פֿון אַ פֿײַנעם לעבן שלאָסן,
איז האָט איר אײַך אַ משל: דער אָפּגעשטאָרבענער,
ער מיט אַ שליסל איז געווען אַ קאַמערהער[4],

און דעם אָט שליסל האָט ער זײַן זון געלאָזן.
אַ גבֿיר אַליין, געהאַט אַ רײַכע ווײַב,
פֿיל קינדער חתונה געמאַכט, שעפּ פֿרייד און נחת קלײַב;
געשטאָרבן. ווער דערמאָנט אים מיט אַ וואָרט אַ האַרבן?
יאָ, ריזן־לײַט אין מאָסקווע לעבן, ס'קומט די צײַט, מע
לייגט זיך שטאַרבן! –
איז דאָנערשטיק, גיך שרײַב,
צי פֿרײַטיק אָדער זונטיק, עס קאָן געבן,
בײַ אונדזער דאָקטערשע, אויב מיר'ן לעבן,
בײַ דער אַלמנה, טויף איך אירס אַ קינד.
זי האָט נאָך ניט געהאַט, נאָר נאָכן חשבון מײַנעם,
איז מוז זי האָבן.

אויפֿטריט 2

פֿאַמוסאָוו, לאַקיי, טשאַצקי

פֿאַמוסאָוו

װעמען טראָגט דער ווינט!
דעם גאַסט דעם פֿײַנעם!
אָט זעצט זיך צו.

טשאַצקי

איר זײַט פֿאַרנומען?

פֿאַמוסאָוו

(צום לאַקיי)
גיי.
דער לאַקיי גייט אַוועק
יאָ, מיר ענינים אַלערליי
אין בוך פֿאַרשרײַבן צום זכּרון,
ניט צו פֿאַרגעסן זיי כּדי.

טשאַצקי

איר זײַט ניט אַ צופֿרידענער געוואָרן,
פֿון וואָס זשע, זאָגט?

ניט אין דער צײַט געקומען כ׳בין צו פֿאָרן?
מיט סאָפֿיאַ פּאַוולאָוונאַן איז וואָס? איר זײַט פֿאַרזאָרגט.

פֿאַמוסאָוו

פֿאַרזאָרגט! אַ רעטעניש געפֿונען טשאַצקי,
אין מײַנע יאָרן לאָזן זיך אין אַ „קאַזאַצקע"?

טשאַצקי

ווער לייגט אײַך פֿאָר
צו טאַנצן?
כ׳האָב ווערטער נאָר אַ פֿרעג געטאָן אַ פּאָר,
צי סאָפֿיאַ פֿילט זיך אפֿשר ניט אין גאַנצן...

פֿאַמוסאָוו

טפֿו, גאָט זײַ מוחל, פֿאַרדרייט איז דײַן געדאַנק!
דערגייען די יאָרן קענסטו.
אָט סאָפֿיאַ פּאַוולאָוונאַ איז אויף דער וועלט די שענסטע,
אָט סאָפֿיאַ פּאַוולאָוונאַ איז קראַנק.
זאָג בעסער, זי ז׳דיר געפֿעלן?
ביסט אויסגעוווען אַ וועלט; זי נעמען פֿאַר אַ ווײַב וואָלסט אפֿשר וועלן?

טשאַצקי

און אײַך וואָס אַרט עס, וואָס?

פֿאַמוסאָוו

אַ פֿרעג טאָן מיך ניט קיין פֿאַרדראָס,
איך בין דאָך איר אַ שטיקל קרובֿ.
איך בין אײַך ערבֿ.
איז ניט אומזיסט מיך פֿאָטער רופֿט מען אָן.

טשאַצקי

איך וואָלט אַ שדכן זיך געטאָן,
איז וואָס וואָלט איר געזאָגט?

פֿאַמוסאָוו

געזאָגט: גיי ניט אַראָפּ פֿון זין,
ניט וועגן, ברודער, דײַן מאַיאָנטיק זאָל צעבערעקלט,
נאָר וואָס די הויפּטזאַך, גיי אָקאָרשט טו אַ דין.

טשאַצקי
כ'בין דינען גרייט, זיך אויסצודינען עקלט.

פֿאַמוסאָוו
דאָס איז עס וואָס אַ שטאָלץ אויף אײַך האַלט אָן!
איר וואָלט אַ פֿרעג טאָן ווי די אָבֿות פֿלעגן טאָן?
געלערנט זיך איר וואָלט בײַם פֿאָטער, בײַ דעם זיידן:
אָט מיר צי אונדזער פֿעטער, אים אַ ליכטיקער גן־עדן,
מאַקסים פעטראָוויטש – ניט אויף זילבערנעם, זעט איר,
געגעסן האָט ער, נאָר גאָלדענעם געשיר;
אים הונדערט מענטשן צו באַדינען,
אין איינע אָרדענס, קרייצן, ס'האָט אויף אים געבליצט;
אַ לעבן ער בײַם הויף פֿלעגט זיך געפֿינען,
און וואָס נאָך פֿאַר אַ הויף? דאַן ניט אַזוי ווי איצט,
אים ז'פֿאַר דער מלכּה אויסגעפֿאַלן דינען,
פֿאַר אונדזער מוטער יעקאַטערינען.
און דעמאָלט אַלע הערלער!
אין פֿערציק פּוד – אויף זיי אַ קוק צו טאָן געפֿערלער...
טו זיך אַ בויג,
ט'מען ניט אַ קער טאָן מיט אַן אויג.
ווײַל אַ מאַגנאַט, אַ ליבלינג זײַן, ווען סט'נאָך געלונגען!
ער אַנדערש האָט געגעסן און געטרונקען.
ווער רעדט פֿון פֿעטער! כ'מיין אַ פֿירשט, אַ גראַף?
זײַן שטרענגער בליק, ס'איז גדלות ניט צו לײַען.
און ווען זיך אונטערדינען, אַז מע דאַרף,
אויך ער געבייגט האָט זיך אין דרײַען:
אַ שטרויכל טאָן ט'זיך אים געמאַכט אויף אַ קורטאַג[5]
געפֿאַלן, ט'זיך אַזוי דערלאַנגט אַ האַק.
אַז ניט פֿאַרלאָרן שיִער דעם שׂכל;
דער אַלטער האָט געקרעכצט, – זיך אויפֿגעהויבן שווער,
באַשענקט געוואָרן מיט אַ קײַזערלעכן שמייכל;
פֿאַרגינען זיי צו האָבן לאַכן, איז וואָס זשע ער?
אַ הייב געטאָן זיך און געקליבן זיך צו נייגן –
איז דאַרף געשען – צו דר'ערד אַ צווייט מאָל זיך געלייג,
שוין איצט בכּיוון – און דער חוזק איז נאָך מער.
ט'ער זיך אַ זעץ געטאָן אַ מאָל אַ דריטן,
איז ווי קלערט איר? מיר האַלטן – ניט קיין נאַר! געליטן,

געפֿאַלן איז ער מיט אַ וווּנד,
נאָר אויפֿגעשטאַנען גאַנץ געזונט!
דערפֿאַר, ווער אָפּטער ווערט פֿאַרבעטן אויף אַ קערטל?
ווער הערט בײַם הויף אַ פֿרײַנדלעך ווערטל?
ווער נעמט בײַ הויכגעשטעלטע לײַטן אויס?
מאַקסים פעטראָוויטש! ווער אין טשינען פֿירט אַרויס?
מאַקסים פעטראָוויטש! מיט פריווילעגיעס און פענסיעס?
מאַקסים פעטראָוויטש! איר הײַנטיקע ווערט האָט אַ שפּיץ פֿון זײַנע וואָנצעס!

טשאַצקי
די וועלט באמת נאַריש גייט
איר מיט אַ זיפֿץ שוין זאָגן מעגט עס,
אַ קוק טאָן, מעסטן און פֿאַרגלײַכן
דעם דור דעם איצטיקן מיט די פֿאָרגייערס:
פֿריש די מסורה, סע גלייבט זיך אָבער שווער.
באַרימט פֿלעגט יענער ווערן,
ווער צושאָקלען מיט קאָפּ טוט גערן:
ניט פֿון די שלאַכטן ער ז׳באַוווּסט,
נאָר פֿון דעם קלאַפּן זיך אין ברוסט!
אַז וועמען איז אין נויט –
די ערע דעם זיך וואַלגערן אין קויט.
ווער העכער שטייט, געפֿלאָכטן האָט אַ נעץ פֿון חניפֿה.
און אַלץ פֿון דעם סע שטאַמט,
צום קיסר די התמדה כלומרשט פֿלאַמט.
פֿון פּחד און געהאָרכזאַמקייט פֿון טיפֿע
געוועזן איז אַ צײַט
געציטערט ווען האָט יעדער איינער,
ניט אינעם פֿעטער אײַערן איך טײַט,
זאָל ער זיך רוען שטיל אין קבֿר;
וואָס איז דאָס אָבער פֿאַרא טאָלק,
דער גײַסט ווי ניט פֿאַרדאָרבן,
אַ קוועל טאָן זאָל דאָס פֿאָלק,
דעם נאַקן ברענגען פֿאַר אַ קרבן?
און נאָך אַן אַלטינקער, דערזען אַזאַ מין טאַנץ,
אַליין קוים וואָס דער נפֿש גאַנץ,
האָט נאָכגערעדט געוויס: און איך פֿאַר וואָס זשע ניט?
אַ פּויזע טאָן בעלנים אַלע מאָל עס קלעקט,

איצט דער בזיון לאָזט ניט,
דער חוזק שרעקט;
קיסרים, ניט אומזיסט, זיי זשאַלעווען איצט קאַרגער.

פֿאַמוסאָוו

אַך, גאָט מײַנער! ער איז אַ קאַרבאָנאַרער[6]!

טשאַצקי

ניין. איצט איז גאָר אַן אַנדער פֿאָלק.

פֿאַמוסאָוו

ער אַ געפֿערלעכער איז מענטש.

טשאַצקי

מע אײַלט זיך ניט פֿאַרשרײַבן. ניין, מע אָטעמט פֿרײַער.

פֿאַמוסאָוו

אַך, סאַראַ מויל – אַ גרויל!
וואָס נאָר אַ וואָרט איז גלײַך אין פֿײַער!

טשאַצקי

אַ מיטיק קומען אָפּעסן בײַ אַ פּאַטראָן,
אין סטעליע דאָרט אַ גענעץ טאָן,
אַ טיכל און אַ שטול דערלאַנגען, זיך אויפֿפֿירן וואָס שטילער.

פֿאַמוסאָוו

פֿאַרפֿירן פֿרײַהייט וויל ער!

טשאַצקי

אין דאָרף ווער ס'לעבט, אַ רײַזע מאַכן ווער ס'פֿאַרטראַכט...

פֿאַמוסאָוו

ער האַלט דאָך ניט פֿון קיין שום מאַכט.

טשאַצקי

ווער דינט דער זאַך, און ניט פּאַרשוינען...

פֿאַמוסאָוו
איך וואָלט פֿאַרבאָטן שטרענג זיי אין די הויפּטשטעט וווינען.

טשאַצקי
איך וועל אײַך לאָזן שוין צו רו.

פֿאַמוסאָוו
ניטאָ מער קיין געדולד, קיין כּוח צו דערצו.

טשאַצקי
כ'האָב אײַער צײַט געזידלט אָן רחמנות,
אויב שטאַרק גערירט כ'האָב אײַער זייל,
וואַרפֿט אָפּ אַ טייל,
די הײַנטיקע כאָטש צײַטן פֿאַר מתּנות;
אַזוי זאָל זײַן –
איך וועל ניט קלאָגן.

פֿאַמוסאָוו
איך וויל ניט אָנזען אײַער שײַן,
קיין זנות כ'קאָן ניט פֿאַרטראָגן.

טשאַצקי
איך האָב פֿאַרענדיקט.

פֿאַמוסאָוו
ס'קלעקט,
איך האָב די אויערן פֿאַרשטעקט.

טשאַצקי
צו וואָס? איך קלײַב זיך ניט צו שרײַען.

פֿאַמוסאָוו
איבער דער וועלט מע שליאָנדרעט, שלינג און שלאַנג.
מע קערט זיך אום, איז וואַרט פֿון זיי אַ רעכטן גאַנג.

טשאַצקי
כ'האָב אויפֿגעהערט...

פֿאַמוסאָוו
נו, זאָל שוין סטײַען.

טשאַצקי
זיך שפּאַרן לאַנג – ניט מײַן פֿאַרלאַנג...

פֿאַמוסאָוו
כאָטש מײַן נשמה לאָז צו רו און זיך באַפֿרײַען!

אויפֿטריט 3

לאַקיי (גייט אַרײַן)
פֿאָלקאָוונִיק סקאַלאָזוב

פֿאַמוסאָוו
(זעט ניט און הערט ניט.)
מע וועט שוין דיך פֿאַרשפּאַרן
אין אַן אָסטראָג, ניטאָ זיך וואָס צו נאַרן.

טשאַצקי
אַ גאַסט בײַ אײַך אין שטוב.

פֿאַמוסאָוו
איך וויל ניט הערן! אין אָסטראָג!

טשאַצקי
אַ מענטש וויל עפּעס מעלדן.

פֿאַמוסאָוו
איך הער ניט, אין אַסטראָג אַזעלכע העלדן!

טשאַצקי
מע רופֿט אײַך. טוט זיך שוין אַ קער.

פֿאַמוסאָוו
(דרייט זיך אויס צום לאַקיי.)
אַ בונט? דער סדום דערגאַנגען שוין אַהער.

לאַקיי
פּאָלקאָווניק סקאַלאָזוב. אים אויפֿנעמען וועט איר באַפֿעלן?

פֿאַמוסאָוו
(שטייט אויף)
נו, ווי איז עס אײַך געפֿעלן!
שטיק ליים!
שוין הונדערט מאָל אין קאָפּ מע שפּאַרט אים.
פֿלי גיכער, זאָג אַז כ'בין אין דער היים.
אַז מע דערוואַרט אים.
אַז העכסט צופֿרידן. לויף זשע, זעט נאָר ווי ער ציט.
דער לאַקיי גייט אַוועק.
פֿאַר אים דו, ברודער, זײַ געהיט:
אַ מענטש איז ער אַ יוסטער,
אַן אָנגעזעענער און אַ באַוווּסטער,
פֿון אויסצייכענונג־סימנים געכאַפּט אַ שלל;
ניט הײַנט איז מאָרגן וועט זײַן אַ גענעראַל.
זײַ אַזוי גוט, פֿאַר אים זאָלסטו ניט זידן,
עך, אַלעקסאַנדר אַנדרעייִטש, ברודער, שלעכט!
צו מיר ער אָפּט פֿאַרקערט,
דו ווייסט דאָך, כ'בין מיט יעדערן צופֿרידן;
אַ קלאַנג אין מאָסקווע אין דרײַען מע דערגיט:
האָט מען צעפּויקט, אַז ער גייט הייראַטן מיט סאָפֿיאַן –
אויפֿן הימל אַ ירידן!
ער גרייט איז אפֿשר, נאָר כ'האָב אַליין ניט וואָס צו זאָרגן
די טאָכטער אויסגעבן ניט הײַנט, ניט מאָרגן:
מײַן סאָפֿיאַ איז פֿאָרט יונג,
נאָר גאָט באַשליסט דאָך. איז ווידער:
דעם קאָפּ זאָלסטו פֿאַר אים ניט דרייען,
ניט שפּאַרן זיך, מיט די אומזיניקע אידייען.
זײַ אַזוי גוט, האַלט צו די צונג...
איז וווּ זשע איז ער? צי ניט אַזוי געמיינט?
כ'פֿאַרשטיי, צו מיר אין צווייטער העלפֿט געקאָנט אַרײַנגיין.
(גייט אײַליק אַוועק.)

אויפֿטריט 4

טשאַצקי

ווי אויפֿגערעגט! סאַראַ געלויף!
צי ווירקלעך מיט אַ חתן רעדט מען זיך צונויף?
ווי לאַנג פֿון מיר ווי פֿון אַ פֿרעמדן מע באַהאַלט זיך;
און סאָפֿיאַ? ער,
דער סקאַלאָזוב, איז ווער?
דער מאַרך בײַם פֿאָטער פֿון איר שפּאַלט זיך,
בײַם פֿאָטער נאַר? אַך! זאָג דער ליבע שוין אַן עק,
אויב אויף דרײַ יאָר דו פֿאָרסט אַוועק?

אויפֿטריט 5

טשאַצקי, פֿאַמוסאָוו, סקאַלאָזוב

פֿאַמוסאָוו

סערגיי סערגייִטש, קומט, ס'איז דאָ מער וואַרעם;
איך בעט אײַך, ביטע, גייט אַרײַן אַהער,
די ליובטע די מינוט פֿאַרמאַכט מען,
אײַך וואַרעמקייט זאָל זײַן אַ ביסל מער;
כ'זע, איר זײַט דערפֿרוירן.

סקאַלאָזוב

(מיט אַ געדיכטן באַס)
אַליין, צום בײַשפּיל, קריכט זשע ווער!
ס'איז מיר אַ שאַנדע, ווי כ'בין אַן אָפֿיצער.

פֿאַמוסאָוו

אַ טראָט טאָן פֿאַר אַ פֿרײַנד זאָל מען ניט טאָרן?
לייגט אײַער הוט, די שפּאַגע גיך טוט אויס,
אָט אײַך אַ סאָפֿע, שפּרייט זיך אויס.

סקאַלאָזוב

ווּ איר באַפֿעלן וועט, אַבי געזעסן.
(מע זעצט זיך אַלע דרײַ. טשאַצקי פֿונדערווײַט.)

פֿאַמוסאָוו
אַך, ליבינקער, ניט צו פֿאַרגעסן:
לאָמיר אַצינד
מיט קרובֿים זיך צעציילן.
כאָטש מיט די ווײַטע, די ירושה ניט צו טיילן:
איר'ט ניט געוווּסט, און איך באַשטימט,
אַ דאַנק, וואָס אָנגעלערנט ט'אײַער שוועסטערקינד.
מיט אײַך נאַסטאַסיאַ ניקאָלאַוונאַ, ווי קערט זיך אָן?

סקאַלאָזוב
איך ווייס ניט, זעט אויס, מיט איר צוזאַמען ניט געדינט.

פֿאַמוסאָוו
סערגיי סערגייִטש, פֿאַמיליע – איז אַ פֿאָן!
איז ווי?..
ניין! איך פֿאַר קרובֿים וואָלט געפּויזעט אויף די קני:
אויף דנאָ פֿון ים כ'וועל זיי געפֿינען.
בײַ מיר דאָ פֿרעמדע זעלטן דינען;
פּלימעניקלעך נאָר און קוזינען;
מאָלטשאַלין נאָר איז ניט מײַן צד,
און אויך, ווײַל ער ז'אַ מענטש פֿון טאַט.
אַז עס באַפֿרײַט זיך ערגעץ־ווו אַ וואַרעם ערטל,
איז ווי פֿאַרוואַרפֿט מען ניט פֿאַר קרובֿימלעך אַ ווערטל!
נאָר אײַער שוועסטערקינד, מײַן פֿרײַנד, האָט מיר דערציילט,
אַז דורך אײַך מיט לוינען פֿיל אים האָט מען אָנגעטיילט.

סקאַלאָזוב
אין יאָר אין דרײַצנטן[7] מיט אים זיך אויסגעצייכנט.
אין צענטן יעגערסקין[8], דערנאָך אין פֿערציק צווייטן.

פֿאַמוסאָוו
יאָ! ס'איז אַ מזל ווער עס האָט אַזאַ בנאָק!
און האָט, געוויס, אין לעצעלע אַן אָרדענאָק.

סקאַלאָזוב
פֿאַר דריטן אַויגוסט, אַ טראַנשיי פֿאַרנומען.
ער מיט אַ באַנט באַלוינט, איך – אויפֿן האַלדז באַקומען[9].

פֿאַמוסאָוו
אַ ווילער מענטש. אַ קוק טאָן – העלדיש ר'האָט געדינט;
אַ ליבנסווירדיקער איז אײַער שוועסטערקינד.

סקאַלאָזוב
נאָר שטאַרק זיך אָנגעשטעקט מיט נײַע מידות.
אַ טשין איז אים געקומען: האָט ער דעם דינסט פֿאַרלאָזט צום סוף
און לייענען ביכער זיך פֿאַרשפּאַרט אין דאָרף.

פֿאַמוסאָוו
אַ חידוש!
אָט יוגנט! ביכער זיך אַרײַנגעקלאַפּט אין קאָפּ!
דערנאָך, שוין שפּעט ווען, טוט מען זיך „אַ כאַפּ"!
אַזעלכע לײַט, ווי איר, ניט צו געפֿינען מער – אַ בראָך!
שוין לאַנג אַ קאָלאָנעל, כאָטש דינען ר'דינט ניט לאַנג נאָך.

סקאַלאָזוב
מיר אויף חבֿרים גילט געגנוג,
וואַקאַנסיעס שטענדיק האָט מען גרייטע,
די עלטערע – זיי שטעלט מען שטיל אַרויס,
און אַנדערע שוין ליגן צווישן טויטע.

פֿאַמוסאָוו
יאָ, וועמען גאָט געפֿינט, צו יענעם איז ער מילד!

סקאַלאָזוב
עס טרעפֿט, אַז מער אַ צווייטן גילט.
אין פֿופֿצנטער דיוויזיע, מע דאַרף ניט זוכן וועמען,
דעם בריגאַדיר אַפֿילו אונדזערן כאָטש נעמען...

פֿאַמוסאָוו
מײַן גאָט, און אײַך וואָס פֿעלט?

סקאַלאָזוב
מע האָט מיך ניט פֿאַרשטעלט,
ניטאָ זיך וואָס צו קלאָגן,
נאָר נאָכן פּאָלק צוויי יאָר זיך אויסגעקומען יאָגן.

פֿאַמוסאָוו
שוין נאָכן פֿאָלק גאָר אַ גויעג?
דערפֿאַר אַרום איַיך יעדער מעג
אין אַנדערש וואָס איַיך זיַין מקנא.

סקאַלאָזוב
יאָ, עלטערע פֿון מיר אין קאָרפּוס איז פֿאַראַנען,
איך פֿון אַכט הונדערט אַכטן דין;
נאָר טשינען צו דערוווערבן קלעקן פֿיל קאַנאַלן;
אַן עבטער פֿילאָזאָף איך בין,
מיר זאָל נאָר אויספֿאַלן אַריַין אין גענעראַלן.

פֿאַמוסאָוו
און ריכטיק האַלט איר, איך געפֿין,
גיב גאָט געזונט איַיך מיט אַ גענעראַלסקע טשין;
דערנאָך, צו וואָס די ציַיט פֿאַרלירן,
כּדאַי, קאָן זיַין, אַ גענעראַלשע זיך פֿאַרפֿירן?

סקאַלאָזוב
אַ וויַיב צו נעמען? אַ בעלן בין איך גראָד.

פֿאַמוסאָוו
איז וואָס? אַ שוועסטערל אַ טעכטערל ווער האָט;
אויף כּלה איז אין מאָסקווע ניט קיין דוחק. ס'קלערט זיך;
פֿאַרקערט: פֿון יאָר צו יאָר מע מערט זיך;
זיַיט וויסן, ליבער, אַז בפֿרט
ווי מאָסקווע אַזאַ הויפּטשטאָט, האָט מען ניט געהאַט.

סקאַלאָזוב
ס'איז אַ דיסטאַנץ ניט גאָר קיין קליינע!

פֿאַמוסאָוו
אַ גוסט, מיַין פֿריַינד, איז אַ מאַניר אַ שיינע,
אויף יעדער זאַך איז דאָ אַ דין:
פֿון אייביק אָן איז שוין פֿאַרפֿירט ביַי אונדזער עולם,
אַז נאָכן פֿאָטער כּבֿוד קומט צו זין;
אַליין כאָטש זיַין אַ גולם,
נאָר אויב נפֿשות אַ פּאָר טויזנט איז פֿאַראַן –

ביסטו דער חתן דאַן.
און דו אַ קליגינקער כאַטש זײַ און פֿול מיט גאווה,
נאָר אין געזינד מע וועט ניט אײַנשליסן דיך סײַ־ווי.
ניט האָט שוין קיין פֿאַראיבל, אומעטום,
דאָ טראָגט מען זיך מיט אַדל נאָר אַרום.
צי דאָס אַליין? כאָטש נעמט צו גאַסט פֿאַרבעטן:
איר ווילט אַרײַנקומען צו אונדז – דערלויבט,
די טיר איז אָפֿן, פֿון אויסלאַנד קומען געסט דערהויפּט;
פֿאַרווײַלן דאָ און זעטן:
אַן אָרנטלעכער מענטש, צי גזלט שטילערהייט,
ס׳איז אונדז אַלץ איינס, דער טיש פֿאַר איטלעכן געגרייט.
נעמט פֿון אַלטן ביז אַ קינד אין וויגל,
ליגט אויף די מאָסקווער אַ באַזונדער זיגל.
שוין אויף די זינדלעך – אויף דעם יונגוואַרג טוט אַ קוק,
מע מוסרט זיי געגוג,
נאָר צוקוקן זיך מערער,
בײַ פּופּצן יאָר זיי קאָנען אָנלערנען די לערער!
הײַנט די אַלטינקע? צעהיצט מען זיך, געגוג אַ וואָרט,
זיי שטעלן יעדן אויפֿן אָרט –
פֿון ייִחוס אַלע זײַנען,
די נעז פֿאַרריסענע מע האַלט;
אַז וועגן דער רעגירונג הייבט מען אָן צו טענהן,
איז צו דערהערן זיי אַ גוואַלד!
ניט וואָס גאָר נײַהײַטן מע וויל פֿאַרפֿירן –
צו דעם וועט גאָט אונדז ניט דערפֿירן!
צו דעם, צו יענעם טוט מען זיך אַ קלעפּ,
מע מאַכט אַ טומל, בײַ די בערד מע רײַסט זיך,
און... מע צעגייט זיך.
נו, ממש מיניסטערסקע קעפּ!
ס׳איז ניט די צײַט נאָך, ווי איך מיין זיך,
אָן זיי אָבער ניט צו באַגיין זיך.
און דאַמען? ווער קאָן צו זיי דערגיין;
אויף אַלע מבֿינטעס, עס פֿעלט אַ מבֿין נאָר אויף זיי.
ווען מיט אַ בונט בײַ קאָרטן שרײַט מען זיך פֿאַנאַנדער,
גיב גאָט געדולד – כ׳האָב דאָך אַליין אַ ווײַב געהאַט.
הייסט פֿאַרן פֿרונט זיי אָפּצוגעבן אַ קאָמאַנדע!
שיקט אויף אַ זיצונג בײַזײַן אין סענאַט!

אירינאַ וולאַסאָוונאַ! לוקעריאַ אַלעקסעוונאַ!
נאַסטאַסיאַ יוריעוונאַ! פּולכעריאַ אַנדרעוונאַ!
נאָר ווען די טעכטערלעך האָט ווער געזען,
דער קאָפּ פֿאַרנייגט, דער קיניג ווען
איז דאָ דער פּרײַסישער געווען,
איז פֿון די מאָסקווער הייכן געכאַפּט האָט ער התפּעלות,
ניט פֿונעם אויסזען – פֿון די מעלות,
אוןווירקלעך, צי קאָן מען טאַקע מער דערצויגן זײַן!
זיי קאָנען, יאָ, זיך אויספּוצן גאַנץ פֿײַן.
פֿון אַלדאָס שענסטע אָנטשעפּען זיך אויפֿן קליידל,
אַ גלאַטיק וואָרט מע רעדט ניט אויס, אַלץ מיט אַ דריידל;
ווען אַ פֿראַנצייזישע מע זינגט אַ ליד,
צעפּישטשעט מען זיך אין די העכסטע נאָטקעס,
צו מיליטער־לײַט ממש זיי עס ציט,
ווײַל אַלע זײַנען פּאַטריאָטקעס.
ניין, זיכער בין איך, אַז בפֿרט
ווי מאָסקווע, אַזאַ הויפּשטאָט האָט מען ניט געהאַט.

סקאַלאָזוב

לויטן פֿאַרשטאַנד לויט מײַנעם,
איר האָט די שׂרפֿה פֿיל געהאָלפֿן זיך באַשײַנען.

פֿאַמוסאָוו

דערמאָנט ניט בעסער, אין איין קרעכצן נאָר מע האַלט!
די הײַזער, טראָטואַרן און די הויפֿן,
אַלץ איצטער אויף אַ נײַעם אופֿן.

טשאַצקי

די הײַזער נײַ, די אָבערגלויבנס אַלט.
צופֿרידן בלײַבט, ניט קיין מגיפֿות, –
און ניט די צײַט, די שׂרפֿות,
ניט חרובֿ מאַכן וועלן זיי.

פֿאַמוסאָוו

(צו טשאַצקין)
אײַ! אײַ!
פֿאַרשרײַב זיך אויפֿן שטערן:

געבעטן בלויז איין זאַך, צו האַלטן צווישן ציין די צונג.
(צו סקאַלאָזובן)
אַך, ליבינקער, איך בעט באַקאַנט אײַך ווערן:
ס'איז טשאַצקי, ער איז אַ פֿרײַנד מײַנעמס אַ זון, דער יונג.
ער דינט ניט.
דאָס הייסט, אין דעם קיין ניצן ער געפֿינט ניט.
וואָלט ער פֿאַרוואָלט – מיט אַ קאָפּ איז ער דער יאַט,
ער שרײַבט, זעצט איבער גלאַט,
ס'פֿאַרדריסט, ווי זאָל עס ניט פֿאַרדריסן,
אַ מענטש זאָל זײַן אַזוי באַזינט...

טשאַצקי
אײַער פֿאַרדראָס אויף אויסצוגיסן
אַן אַנדערן געפֿינט.
עס טוט מיר ווײ אײַער באַרימען.

פֿאַמוסאָוו
ניט איך נאָר – אַלע פּונקט אַזוי באַשטימען.

טשאַצקי
און ווער די ריכטער זײַנען? אַלט – קוים וואָס מע לעבט,
צום פֿרײַען לעבן זייער האַס ניט צו דערמאָרדן,
אין אַלטע בלעטער אורטיילן מע שעפּט
פֿון דער אָטשאַקאָוו־צײַט און קרים[10] צו אונטעראָרדן;
צו טאַדלען שטענדיק גרייט,
מע זינגט אַ לידעלע דאָס זעלבע,
די צײַט, וואָס ווײַטער גייט,
אַלץ ווערן זיי נאָך ערגער.
ווו זײַנען, ווײַזט אונדז אויף, די פֿאָטערס פֿונעם לאַנד,
פֿון זיי אַ מוסטער נעמען זאָל ניט זײַן קיין שאַנד?
צי ניט די יאַטן, די ראַבירן,
געשונדן וואָס פֿון לײַט די הויט,
אַ שוץ פֿון מישפּט זיך אין קרובֿישאַפֿט געפֿונען,
גרויסאַרטיקע פּאַלאַצן זיך געבויט,
ווו אין פֿאַרשווענדונג זיך, אין מאָלצײַטן צערונען,
און ס'וועט ניט אומקערן אַן אויסלענדישער לײַט
די נידעריקע שטריכן פֿון דער פֿריִערדיקער צײַט.

און אין דער אמתן, אין מאָסקווע, טוט אײַך אַ טראַכט.
אונדז האָבן טענץ און וואַרמעסן און סעודות
די מײַלער ניט פֿאַרשפּאַרט?
צי נעמט כאָטש יענעם נעסטאָר[11],
די קרוין פֿון אויסוואָרפֿן,
צו וועמען איר'ט, אַ גליק האָט מיך באַטראָפֿן,
נאָך אין די ווינדעלעך געפֿירט?
אַרום באַדינער – ער אין מיטן;
בײַם זויפֿן און געשלעג אים טרײַ האָט מען געדינט,
זײַן ערע אין דעם לעבן צו פֿאַרהיטן;
זיי פּלוצלינג אויסגעטוישט אויף דרײַ געשווינדטע הינט!!!
צי דער, וואָס קינדער אויף אַ צענדליק פֿורן
מיט עלטערן צעשיידטע האָט געבראַכט?
אַ קרעפּאָסטנאָי באַלעט[12] האָט ער געמאַכט,
אַליין פֿאַרזונקען אין זעפֿירן און אַמורן,
גאַנץ מאָסקווע ער'ט געצוווּנגען ווונדערן זיך לויפֿן!
נאָר ניט געצוווּנגען די בעל־חובֿות
צו אָפּלייגן די חובֿות:
זעפֿירן און אַמורן געמוזט ער איינציקווײַז פֿאַרקויפֿן!
אָט זיי מיר דאַרפֿן שעצן, אַז אויף אַ מענטש מיר זײַנען אָרעם!
אָט שטרענגע ריכטערס, ווער אויף אונדז זײַנען געוואָרן!
מבֿינים, וואָס דערלעבט האָט ווער ביז גראָע האָר.
אַצינד זאָל נאָר
פֿון אונדז כאָטש איינער זיך געפֿינען
פֿון יונגע לײַט
וואָס פֿון אַ לעבן אַזאַ שיינעם איז ער ווײַט,
ניט מאָנענדיק קיין שטעלעס און קיין טשינען,
ער וועט זײַן קאָפּ אין לערע אײַנטונקען מיט היץ,
צי אין זײַן האַרץ גאָט אַ צינדט טאָן וועט אַ בליץ
פֿון שאַפֿערישע קונסטן ווונדערלעכע, שיינע –
ווערט אַ געיאָמער באַלד:
פֿאַרברענען! גוואַלד!
און קריגסט בײַ זיי אַ שם פֿון אַ געפֿערלעכסטן אַ טרוימער!
נאָר אַ מונדיר! צו אַ מונדיר נאָר כּבֿוד קלעקט!
אַ שיינער, אַ צעפּוצטער, אַמאָל האָט ער פֿאַרדעקט
די שוואַכע פֿעיִקייט פֿונעם געדאַנק דעם פּוסטן;
איצט שיקט מען אונדז אויף דעם געבענטשטן וועג!

צו אַ מונדיר – די פֿרויען, אויך די מיידלעך גלוסטן!
ווי לאַנג אַליין נאָך אַ מונדיר, מיך טוט אַ פֿרעג,
צו בענקען כ'בין געווען אַ בעלן?!
איצט אין אַ שפּיל אַזאַ מער ניט אַרײַנצופֿאַלן.
נאָר דעמאָלט פּרווו נאָך אַלעמען ניט לויף!
אַז ווען אַהער פֿון מיליטער צי פֿונעם הויף
האָט עמעצער געוואָנדן זײַנע אויגן:
מיט פֿרייד אַזאַ געשריִען פֿרוי־און־מויד: הוראַ!
און טשעפּיקלעך אין לופֿט – געפֿלויגן!

פֿאַמוסאָוו
(פֿאַר זיך)
ער'ט אין אַן אומגליק מיך אַרײַנציִען, דער שד.
(הויך.)
סערגיי סערגייִטש, כ'וואַרט אויף אײַך אין קאַבינעט.
(גייט אַוועק.)

אויפֿטריט 6

סקאַלאָזוב, טשאַצקי

סקאַלאָזוב
אין חשבון דעם, וואָס איר'ט געמאַכט גענוי,
געפֿעלט מיר שטאַרק ווי קונציק איר'ט באַרירט
דאָס נאָכלויפֿן דער גוואַרדיע, ווי אַזוי
די ליבלינגען, די גוואַרדיאָנצעס; ווו זיי קומען,
אויף זייער גאָלד, אויף דעם געניי
מע גאַפֿט, פּונקט ווי אויף הונדערט זונען!
און די אַרמיי, ניט וואָס שטייט אָפּ? אין וואָס?
און צוגעפּאַסט אַלץ צו דער מאָס,
און אײַך די טאַליעס שמאָלע,
אַפֿילו ס'טרעפֿט,
אַז אָפּיצערן דאָרט פֿראַנצייזיש רעדן עבט.

אויפֿטריט 7

סקאַלאָזוב, טשאַצקי, סאָפֿיאַ, ליזאַ

סאָפֿיאַ
(לויפֿט צום פֿענצטער)
געפֿאַלן, גאָט מײַנער, דערהרגעט זיך.
(פֿאַלט חלשות.)

טשאַצקי
ווער? ווער?

סקאַלאָזוב
וואָס איז געשען?

טשאַצקי
זי איז פֿון שרעק אַ טויטע!

סקאַלאָזוב
ווער? פֿון וואַנען?

ליזאַ
(פּאָרעט זיך לעבן סאָפֿיאַן.)
ס'איז ניט צו מײַדן, וועמען וואָס ס'באַשערט,
מאָלטשאַלין האָט אויף דעם פֿערד געזעצט זיך,
אַ וואַרף געטאָן האָט זיך דאָס פֿערד,
ער גלײַך אויף דר'ערד דעם קאָפּ צעפּלעט זיך.

סקאַלאָזוב
דעם צוים פֿאַרצויגן, שוין יענע פּאָרערס זײַנען לײַט...
אַ קוק טאָן ווי צעמזיקט זיך דער קריכער –
אין ברוסט צי אין אַ זײַט?

אויפֿטריט 8

די זעלבע אָן סקאַלאָזובן

טשאַצקי

זאָג גיכער,
כ׳קאָן העלפֿן איר מיט וואָס?

ליזאַ

דאָרט וואַסער שטייט אין צימער.

טשאַצקי לויפֿט און ברענגט. אַלע איבעריקע רעדן האַלב־קול,
ביז סאָפֿיאַ וועט ניט קומען צו זיך.

גיסט אָן אַ גלאָז...

טשאַצקי

שוין אָנגעגאָסן.
לאָז אָפּ שנירלעך פֿרײַער,
די שלייפֿן איר מיט עסיק רײַב און ריב,
באַשפּריץ מיט וואַסער, זע! זי אָטעמט העכער!
מיט וואָס אַ פֿאָך טאָן גיב.

ליזאַ

אָט איז אַ פֿעכער.

טשאַצקי

אין פֿענצטער וואַרף אַן אויג,
מאָלטשאַלין אויף די פֿיס שוין שטייט!
זי ז׳פֿון אַ קלייניקייט צעטראָגן.

ליזאַ

די פֿרײַלין האָט שוין אַזאַ גוף, –
קאָן ניט פֿאַרטראָגן,
אַז מענטשן פֿליִען מיט די פֿיס אַרויף.

טשאַצקי

זי ווערט, דוכט, ווידער בלאַסער,
באַשפּריץ זי נאָך מיט וואַסער.
׳זוי. נאָך, נאָך.

סאָפֿיאַ
(מיט אַ טיפֿן זיפֿץ)
דאָ איז ווער?
ווי אין אַ חלום טראָגט מיך.
(רעדט גיכער און העכער)
אַך! וואָס איז מיט אים זאָגט מיר?
זאָגט, ווו איז ער?

טשאַצקי
געמעגט האָט ער דעם קאָפּ זיך שפּאַלטן –
שיִער אײַך ניט אומגעבראַכט.

סאָפֿיאַ
ווי מערדעריש איז אײַער קאַלטקייט,
אײַך זען, אײַך הערן איז ניטאָ קיין קראַפֿט.

טשאַצקי
איר'ט הייסן צוליב אים זיך פּלאָגן?

סאָפֿיאַ
אַהין כ'דאַרף לויפֿן, צו אים, צו הילף אים קומען יאָגן.

טשאַצקי
איר בלײַבן זאָלט אָן הילף אַליין.

סאָפֿיאַ
אָן אײַך כ'קאָן זיך באַגיין!
אַ פֿרעמדן אומגליק ציִ פֿאַרשטייט איר,
אײַך איז אַלץ איינס אַפֿילו, אַז דער פֿאָטער ליגט אַ טויטער.
(צו ליזאַן)
קום גיך אַהין.

ליזאַ
(פֿירט זי אָפּ אין אַ זײַט)
ווּהין?
צו זיך איר קומט! ער לעבט, אײַער געבענטשטער.
אָט קוקט אַרויס אין פֿענצטער.

טשאַצקי

חלשות! צאָרן! שרעק! אַזוי מע שפּירט,
אַן איינציקן אַ פֿרײַנד, אַז מע פֿאַרלירט.

סאָפֿיאַ

מע גייט אַהער. ער קאָן ניט אויפֿהייבן די האַנט.

טשאַצקי

מיט אים באַנאַנד
דעם טויט באַקומען בין איך גערן...

ליזאַ

פֿאַר אַ קאָמפּאַניע?

סאָפֿיאַ

ניין, בלײַבט בײַ די באַגערן.

אויפֿטריט 9

סאָפֿיאַ, ליזאַ, טשאַצקי, סקאַלאָזוב, מאָלטשאַלין
(די האַנט איבערגעבונדן)

סקאַלאָזוב

געזונט און גאַנץ,
קוים־קוים צעשלאָגן איז די האַנט.
אַ פֿאַלשער איז אינגאַנצן דער אַלאַרם.

מאָלטשאַלין

איך האָב אײַך אָנגעשראָקן. אַנטשולדיקט, כ'בעט.

סקאַלאָזוב

נו, ווער וויסן וואָלט געקאָנט,
אַז איר דערפֿון וועט לײַדן –
אַרויס פֿון צימער – ניט געקאָנט אויסמײַדן,
דער קאָפּ פֿאַרדרייט זיך, ווי אין טשאַד...
געחלשט איר, איז וואָס? פֿון גאָרנישט זיך צעהיצט.

סאָפֿיאַ
(באַמערקט קיינעם ניט)
אומזיסט, איך זע שוין, און פֿאָרט נאָך צאַפּל זיך ביז איצט.

טשאַצקי
(צו זיך אַליין)
און מיט מאָלטשאַלינען קיין וואָרט ניט!

סאָפֿיאַ
קיין ציטעריקע בין איך פֿאָרט ניט.
ס'טרעפֿט די קאַרעטע פֿאַלט,
שטעלט מען אַוועק זי באַלד,
און ווידער גרייט בין איך צו שפּרינגען.
און אין אַ צווייט מאָל טרעפֿט אַ האָר
קאָן חלשן מיר צווינגען.
כאָטש אומבאַקאַנט איז ער מיר גאָר,
און די געפֿאַר ניט לאַנג עס האָט געדויערט.
נאָר וואָס איז מיר פֿון דעם?

טשאַצקי
(צו זיך אַליין)
פֿאַרגעבונג בעט בײַ אים,
וואָס איין מאָל עמעצן זי האָט באַדויערט!

סקאַלאָזוב
דערלויבט, כ'וועל אײַך דערציילן אַ ראָמאַן:
אַ גרעפֿין לאַסאָווע איז איינע דאָ פֿאַראַן.
אַ רײַטערקע זי, אַן אַלמנה – ניט צו הערן,
מיט איר זאָל אומפֿאָרן אַ מאַסע קאַוואַלערן.
די טעג צעגהרגט זיך אויף מאָן,
איר דער זשאָקיי האָט ניט געהאָלפֿן,
האָט זיך עס צופֿעליק געטראָפֿן,
געציילט ער פֿליגן, ס'זעט זיך אָן.
אַליין אַ קורצע, פֿעלט אַצינד איר אויס אַ ריפּ,
אויף אונטערשפּאַרן, נעבעך, זוכט זי זיך אַ טיפּ.

סאָפֿיאַ
אַך, אַלעקסאַנדר אַנדרייִעװיִטש, איז טוט זשע איר צוליב,
דערשײַנט פֿולקום גרויסמוטיק:
איר זײַט דאָך צו אַ פֿרעמדן אומגליק ניט קאַלטבלוטיק.

טשאַצקי
יאָ, כ'האָב עס באַוויזן דאַכט,
אי מיטן פֿלײַסיקן מײַן שטיצן,
אי מיטן מונטערן און שפּריצן,
כ'וױיס נאָר ניט איין זאַך – פֿאַר װעמען,
אײַך כ'האָב לעבעדיק געמאַכט?
(נעמט די הוט און גייט אַוועק.)

אויפֿטריט 10

(די זעלבע, אַ חוץ טשאַצקין)

סאָפֿיאַ
אין אָוונט װעט איר זײַן?

סקאַלאָזוב
װי פֿריִ?

סאָפֿיאַ
װאָס פֿריִער:
אַ טאַנץ טאָן אונטער פּיאַנע װעלן קומען פֿרײַנד,
אַ באַל מע טאָר ניט געבן הײַנט,
מיר זײַנען איצט אין טרויער.

סקאַלאָזוב
כ'װעל זײַן.
כ'האָב צוגעזאָגט צום פֿאָטער נאָך אַרײַן,
אַדיע.

סאָפֿיאַ
צו װידערזען.

סקאַלאָזוב
(דריקט מאָלטשאַלינען די האַנט)
איַיך גרייט צו דינען.
(גייט אַוועק.)

אויפֿטריט 11

סאָפֿיאַ, ליזאַ, מאָלטשאַלין

סאָפֿיאַ
כ'ווייס ניט, מאָלטשאַלין, ניט אַראָפּ ווי כ'בין פֿון זינען!
צי שפּאַסט מען דען דערמיט?
איר ווייסט ווי איַיער לעבן איז מיר טיַיער,
פֿאַר וואָס זשע זיַיט איר ניט געהיט?
אַזוי צו שפּילן זיך מיט פֿיַיער!
זאָגט, וואָס איז מיט דער האַנט,
ווי איצט איר שטאַנד?
איַיך טראָפּנס אפֿשר געבן? נאָך אַ דאָקטער שיקן?
מע דאַרף עס ניט פֿאַרנאַכלעסיקן.

מאָלטשאַלין
פֿאַרבונדן מיט אַ טוך, איז אפֿשר ניט כדאַי.

ליזאַ
כ'בין זיכער,
אַז ס'איז ניט ווערט קיין שפּיַי.
ס'וואָלט ניט געפּאַסט צום פּנים, דאַרף מען ניט קיין טיכער;
וואָס זיכער – אַ קלאַנג וועט זיך צעפֿליִען, אַ סוף אַ רעכטער,
אַז טשאַצקי אויפֿהייבן וועט איַיך אויף אַ געלעכטער,
און סקאַלאָזוב, אַז ער'ט אַרויסלאָזן זיַין צונג,
וועט הונדערט ליגנס צוגעבן – מער פּאַסט ניט;
אויף יענעמס חשבון איצט ווער שפּאַסט ניט.

סאָפֿיאַ
און ווער פֿון זיי ליגט מיר אין זייל?
איך וויל – כ'האָב ליב, איך וויל כ'דערצייל.

מאָלטשאַלין! צי דען כ'האָב זיך דען ניט געצווונגען?
די טריט נאָר אײַערע פֿאַרקלונגען
פֿאַר זיי געשראָקן זיך פֿון אָרט זיך צו אַ רוק טאָן,
בײַ אײַך אַ פֿרעג צו טאָן, אויף אײַך אַ קוק טאָן.

מאָלטשאַלין

ניין, סאָפֿיאַ פּאַוולאָוונאַ, צו עפֿנטלעך זײַט איר.

סאָפֿיאַ

און ווו פֿאַרבאָרגעניש צו נעמען?
צו אײַך אין פֿענצטער ניט אַרויסגעשפּרונגען שיִער.
נאָר וואָס איז מיר צו וועמען?
צו זיי און צו דער גאַנצער וועלט?
ס'פֿאַרדריסט אײַך – זידל זיך! אײַך לעכערלעך – איז קווועלט.

מאָלטשאַלין

די עפֿנטלעכקייט זאָל אונדז ניט פֿאַרשאַטן.

סאָפֿיאַ

פֿאַר אַ דועל איר שרעקט זיך?

מאָלטשאַלין

אַך, אַ בייזער מויל
איז שרעקלעכער פֿון אַ פּיסטויל.

ליזאַ

זיי זיצן דאָרט בײַם טאַטן;
אָט ווען ניט פֿאַרקלאָגט
איר וואָלט פֿאַרפֿלויגן מיט אַ קלאָרן פּנים.
ווען וואָס עס ווילט זיך אונדז – מע זאָגט,
ווי גלייבן זײַנען מיר בעלנים!
אויך אַלעקסאַנדר אַנדרייִיטש ווי מיט אים
אַמאָל געשטיצט, געפֿרייט זיך.
מיט אַזאַ ליבלעכער אַ שטים,
איר אין דערציילונגען צעשפּרייט זיך.
צוויי ווערטעלעך, אַ שמייכעלע מיט חן.
דער, וואָס פֿאַרליבט, אויף אַלץ וועט גיין.

מאָלטשאַלין
איך וואַג אײַך ניט צו שטערן.
(קושט איר די האַנט.)

סאָפֿיאַ
איר ווילט?.. איז גיי איך ליב צו זײַן דורך טרערן;
דער אָנשטעל, האָב איך מורא, וועט אָנקומען מיר שווער,
צו וואָס האָט טשאַצקין גאָט געבראַכט אַהער!
(גייט אַוועק.)

אויפֿטריט 12

מאָלטשאַלין, ליזאַ

מאָלטשאַלין
ווי לעבעדיק דו ביסט,
און פֿריילעך, פֿליסט
ביז גאָר!

ליזאַ
לאָזט אָפּ, אָן מיר זײַט איר אַ פּאָר.

מאָלטשאַלין
אַך, און דײַן פּנימל דאָס העלע!
ווי כ'ליב דיך!

ליזאַ
און די פֿרײַלין?

מאָלטשאַלין
זי – צוליב דער שטעלע.
און דיך...
(וויל זי אַרומנעמען.)

ליזאַ
פֿון לאַנגווײַל ט'זיך פֿאַרברענט!
וואָס ווײַטער האַלט די הענט!

מאָלטשאַלין
אַ שקעטל אַן אַנטיקל קונציק אויסגעפּילט
דאָ ליגט בײַ מיר ניט ווײַט;
אַ שפּיגעלע אין דנאָ, אַ שפּיגעלע פֿון זײַט,
אַרום אַלץ אויסגעשניצט און איז באַגילדט.
אַ קישעלע פֿאַראַן פֿון ביסער דער אוזאָר,
אַ נאָדלטאַש איז דאָ פֿאַר שפּילקעלעך אַ פּאָר!
דאָ פּערעלעך אין פֿאַרב צעריבן!
פֿאַראַן פּאָמאַדע פֿאַר די ליפּן
און פֿלעשעלעך פּאַרפֿיום פֿון יעדן מין –
רעזעדע און זשאַסמין.

ליזאַ
איר ווייסט, אַז כ׳גיי ניט אויס נאָך אָט די פּריידן;
דערציילט בעסער, פֿאַר וואָס
איר מיט דער פֿרײַלין זײַט באַשיידן,
און מיט דער דינסט – זיך אין אַ שפּיל געלאָזט?

מאָלטשאַלין
הײַנט בין איך קראַנק, כ׳גיי ניט אַרויס פֿון שטוב,
צו וואַרמעס קום אַרײַן צו מיר,
דאַן וועל איך דיר
דערציילן אַלץ גענוג.
(גייט אַוועק אין אַ זײַטיקער טיר.)

אויפֿטריט 13

סאָפֿיאַ, ליזאַ

סאָפֿיאַ
געוועזן בײַם פֿאָטער לאַנג,
ניט געטראָפֿן קיינעם.
הײַנט בין איך קראַנק,
איך וועל ניט מיטיקן מיט אײַך אין איינעם.
מאָלטשאַלינען גיי זאָג,

און גיב אים צו דערקלערן,
אַז מיך בײַ טאָג
ער זאָל געוווירע ווערן.
(גייט אַוועק צו זיך.)

ליזאַ

אָט, האָסטו דיר!
וואָס פֿאַראַ מענטשן דאָ! זי צו אים, און ער צו מיר,
און איך... אַליין נאָך האַלט, אַז ליבן איז אַ בושה!
פֿאַרליבט בין איך אין דעם בופֿעטשיק, אין פּעטרושען!

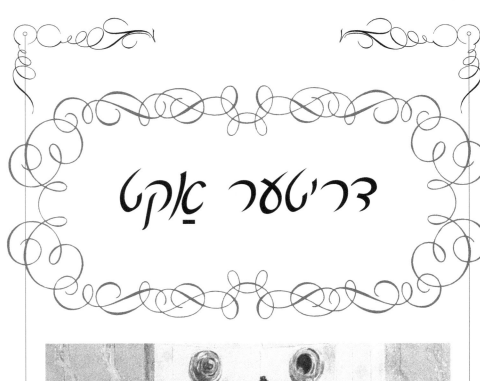

דריטער אַקט

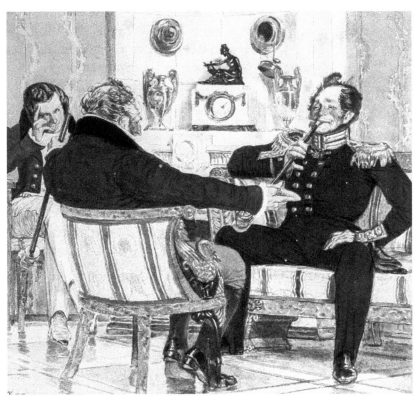

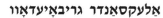

אויפֿטריט 1

טשאַצקי, דערנאָך סאָפֿיאַ

טשאַצקי

כ׳וועל זי דערוואַרטן זיך. צעקניפּלען כ׳מוז דעם קנופּ:
ווער ליב איז איר לסוף? מאָלטשאַלין? סקאַלאָזוב?
מאָלטשאַלין פֿריִער
געווען איז אַזאַ נאָר! אַ קלאָגעדיקע בריאה!
צי שׂכל צוגעשיקט אים גאָט?..
און דער צווייטער – אַ כאָרכלער, אַ דערשטיקטער, אַ פֿאַגאָט!
אַ געשטערן פֿון מושטרעס מיט מאַזורקעס!
דער סוף פֿון ליבע איז צו שפּילן זיך אין זשמורקעס.
און מיר באַשערט...
סאָפֿיאַ קומט אַרײַן
ווי גוט, אַז איר זײַט דאָ? צופֿרידן כ׳בין.

סאָפֿיאַ

(אין אַ זײַט)
און איך פֿאַרקערט.

טשאַצקי

ניט מיך געזוכט?

סאָפֿיאַ

איך האָב אײַך ניט געזוכט.

טשאַצקי

כאָטש מישן זיך עס פּאַסט ניט דוכט,
נאָר אפֿשר קאָן מען זיך בײַ אײַך דערוויסן:
ווער אײַך געפֿעלט?

סאָפֿיאַ
אַך! גאָט מײַנער, די גאַנצע וועלט!

טשאַצקי
ווער איז מער ליב?

סאָפֿיאַ
דאָ קרובֿים וועלכע...

טשאַצקי
און אַלע מער פֿון מיר?

סאָפֿיאַ
פֿאַראַן אַזעלכע.

טשאַצקי
און וואָס וויל איך פֿון איר?
ס'איז אַלץ באַשלאָסן, דאַכט זיך:
אין גרוב כאָטש ליג, און זי לאַכט זיך.

סאָפֿיאַ
איר אָפֿענע ווילט אויסהער רייד?
אַז קאָנטיק איז אין וועמען מאָדנעקייט אַ ביסל,
איז ניט באַשיידן אײַער פֿרייד,
בײַ אײַך איז גלײַך געגרייט אַ וויצל,
און איר אַליין...

טשאַצקי
אַליין וואָס? קאָמיש איך זע אויס?

סאָפֿיאַ
נו יאָ. דער טאָן איז שטרענג, דער בליק איז בייז,
אין אײַך אָט די באַזונדערקייטן – אַזש ציטער...
אויף זיך אַליין גאָר איז ניט ניצלאָז אַ געוויטער.

טשאַצקי
אַ מאָדנער, און קיין מאָדנער איז, צום בײַשפּיל, ווער?
אויף אַלע גלאָמפּן ענלעך ווער? מאָלטשאַלין? ער?

סאָפֿיאַ

די בײַשפּילן מיר זײַנען ניט קיין נײַעס!
עס זעט זיך אָן איר זײַט געגרייט
אויף אַלעמען צו אויסגיסן דעם כּעס,
ניט שטערן אײַך כּדי, כ'וועל אָפּטראָגן זיך...

טשאַצקי

(האַלט זי אָפּ)
שטייט!
(אין אַ זײַט.)
כ'וועל איין מאָל זיך פֿאַרשטעלן.
(הויך אויף קול.)
דאָ לאָמיר איצט אַ פּינטל שטעלן.
נו רעכט! וועגן מאָלטשאַלינען כ'בין ניט גערעכט;
עס טרעפֿט אַזאַ פֿאַרוואַנדלונג אויף דער ערד,
אַז קלימאַטן, רעגירונגען און זיטן,
דער שׂכל בײַ אַ מענטשן ווערט געביטן.
דאָ לײַט – געשמט מע האָט פֿאַר שטותים: אין אַרמיי,
צי אַלס פּאָעט, צי... כ'שרעק זיך אָנצורופֿן זיי,
די וועלט אָבער די גאַנצע האָט באַשלאָסן,
אַז קלוגשאַפֿט איצט פֿון זיי וואָלט זיך געגאָסן.
זאָל זײַן – מאָלטשאַלין ער איז קלוג:
ער שׂכל האָט גענוג,
אַ קאָפּמענטש איז אַ גרויסער,
אַ זשעני, וואָס די וועלט האָט ניט געזען!
צי דאָ אָבער אין אים די לײַדנשאַפֿט, דער ברען,
צי פֿלאַמט אין אים אַ פֿײַער אַזאַ הייסער –
אָן אײַך די ווײַסע וועלט זאָל אויסזען טויט און שוואַרץ.
אַז יענע קלאַפּעניש פֿון האַרץ
פֿאַרגיכערן זיך זאָל צו אײַך מיט ליבע?
אין לעבן אַכטן אײַך אים זײַן זאָל אַ געבאָט?
אַז איטלעכן געדאַנק און יעדן טראָט.
איר אויסרופֿן זאָלט? איר דערפֿון זאָלט זײַן די סיבה?
אַליין דאָס כ'פֿיל, ניט איבערגעבן מיט אַ וואָרט;
נאָר וואָס אין מיר איצט רודערט, טומלט זיך און קאָכט,
געוווּנטשן וואָלט איך ניט דעם ערגסטן שׂונא.
און ער?.. פֿאַרשוויַגט... דעם קאָפּ

לאָזט ער אַראָפּ.
געוויינטלעך שטיל, די אַלע זײַנען רעדנער קליינע;
דאָס ווייסט נאָר גאָט
וואָס פֿאַראַ סוד איז דאָרט אין אים באַהאַלטן;
וואָס אויסגעטראַכט אין אים איר האָט,
זײַן קאָפּ וואָלט קיינמאָל ניט פֿאַרהאַלטן.
ס'קאָן זײַן, ווען זיך האָט איר אים פֿאָרגעשטעלט,
אים אייגנשאַפֿטן גוטע געשענקט אַ וועלט;
ער ניט געזינדיקט האָט מיט קראַפֿט,
זײַט איר די זינדיקסטע אַליין...
ניין! זאָל פּויקן איבער וועלט זײַן קלוגשאַפֿט;
צי ער איז אָבער ווערט אײַך? צי ער מיט אײַך איז גלײַך?
אַ פֿראַגע איינע כ'האָב צו אײַך.
אַז מער גלײַכגילטיק זאָל איך מײַן פֿאַרלוסט פֿאַרטראָגן,
מיר, ווי אַ מענטש מיט אײַך געוואָקסן, קאָן מען זאָגן,
ווי אַ פֿרײַנד און ברודער, לאָזט איבערצײַגן זיך אין דעם:
נאָכדעם,
כ'וועל קאָנען שוין פֿון זינען זיך ניט רירן;
פֿאַרווײַלן זיך, וואָס ווײַטער כ'וועל זיך לאָזן באַלד,
כּדי ניט טראַכטן וועגן ליבע, ווערן קאַלט,
פֿאַרגעסן זיך, זיך אין דער וועלט פֿאַרלירן.

סאָפֿיאַ
(פֿאַר זיך)
אומגעריכט פֿון זין אַראָפּגעפֿירט!
(אויף אַ קול)
וואָס לייקענען? ער אָן אַ האַנט געקאָנט שיִער בלײַבן.
אין אים אַן אָנטייל האָב איך אײַנגענומען גלײַך;
אַז בײַ דערבײַ צו זײַן וואָלט אויסגעקומען אײַך,
איר'ט צו דעם קיין פֿינגער ניט באַזאָרגט זיך צו דערקלײַבן,
אַז אָן אַן אויסטייל גוט צו יעדן קאָן מען זײַן;
נאָר מעגלעך, אַז אין אײַערע פֿאַרדאַכטן
איז אמת דאָ צו טראַכטן,
אַז צופֿיל הייס פֿאַר אים איך שטעל זיך אײַן;
פֿאַר וואָס אָבער די צונג ניט צו פֿאַרהאַלטן?
אַזוי צו מענטשן די פֿאַראַכטונג ניט באַהאַלטן?
אַז אויף אַ שטילינקן דערבאַרעמען זיך שווער!

וואָס דאַרף מען מער? זאָל אים נאָר אָנרופֿן דאָ ווער:
אַ האָגל שפּיצלעך אײַערע וועט אים באַדעקן.
נאָר שפּאַסן! שפּאַסן נאָר! ווי קאָן אויף דאָס אײַך קלעקן!

טשאַצקי
אַך! ליבער גאָט!
מײַן ציל פֿון לעבן איז דען שפּאָט?
מיר פֿריילעך ווערט, ווען קאָמישע כ׳באַגעגן,
נאָר אָפֿטער אומעט טראָגט מען מיר אַנטקעגן.

סאָפֿיאַ
אומזיסט: דאָס אַלץ גייט אָן צו לײַט,
איר מיט מאָלטשאַלינען דעם אומעט וואָלט פֿאַרלאָרן,
ווען איר מיט אים וואָלט זיך ניט האַלטן אַזוי ווײַט.

טשאַצקי
(מיט היץ)
און איר פֿאַר וואָס מיט אים אַ נאָענטע געוואָרן?

סאָפֿיאַ
איך האָב זיך ניט באַמיט, אונדז גאָט צוזאַמענגעפֿירט.
זעט: מיט דער גאַנצער שטוב אַ פֿרײַנטשאַפֿט ער׳ט פֿאַרפֿירט:
דרײַ יאָר בײַם פֿאָטער דינט, אָפֿט יענער הייבט אָן קאָכן,
גלאַט אין דער וועלט, נאָר ער מיט שטומקייט אים אַנטוואָפֿנט,
שענקט פֿון טיפֿן האַרץ; פֿרייד זוכן וואָלט ער אויך געקענט
און טרעט ניט אָפּ פֿון אַלטע אויף מאָמענט;
מיר שפּילן זיך, מיר טאַנצן.
ער נעמט ניט אָן קיין טייל,
אים ווייל איז צי ניט ווײל,
מיט זיי ער זעצט זיך אויף אַ טאָג אַ גאַנצן
און שפּילט...

טשאַצקי
אַ טאָג ער שפּילט!
אַז אים מע שילט
אים אַרט עס גאָרניט!
(אין אַ זײַט)
זי שעצט אים אויף אַ האָר ניט.

סאָפֿיאַ
גערווײנטלעך, אין זײַן שׂכל איז ניטאָ דער טעם,
וואָס זשעני איז פֿאַר אײנעם, פֿאַר אַ צווייטן – סם.
וואָס פֿלינקט און בליצט און גיך דערעסן ווערט,
וואָס זידלט אויס די גאַנצע וועלט,
כּדי די וועלט זאָל זאָגן: העלד!
צו אַזאַ שׂכל פֿאַר אַ מאַן זאָל זײַן דער בעסטער?

טשאַצקי
סאַטירע צי מאָראַל? וואָס מיינט איר דאָ דערמיט?
(אין אַ זײַט)
אַפֿילו אויף אַ גראָשן האַלט זי פֿון אים ניט.

סאָפֿיאַ
אַ וווּנדערלעכער מענטש, אויב נאָך פֿון אים צו ריידן:
ער נאָכגיביק איז, שטיל, באַשיידן,
קיין שפּיר פֿון אומרו אין געזיכט,
און די נשמה איז אָן גיפֿט.
גלאַט אין דער וועלט אַרײַן ער קיינעם שמײַסט ניט,
און אָט דערפֿאַר האָב איך אים האָלט.

טשאַצקי
(אין אַ זײַט)
כ׳בין ניט קיין יאָלד –
אים האָט זי ניט ליב.
(אויף אַ קול.)
מאָלטשאַלינס בילד
וועל איך אײַך העלפֿן צו דערשרײַבן.
נאָר סקאַלאָזוב? אָט ער איז מילדה,
אָט אָן אַ האַרץ פֿון וועמען בלײַבן,
פֿאַר דער אַרמיי ער, ווי אַ באַרג, וואָלט זיך געשטעלט:
מיט זײַן פֿיגור, מיט דעם געשטאַלט מיט זײַנעם
און מיטן קול פֿון אַ ראָמאַן איז ער אַ העלד...

סאָפֿיאַ
נאָר ניט פֿון מײַן ראָמאַן.

טשאַצקי
נאָר ניט פֿון אײַערן? נו, ווער קאָן אײַך פֿאַרשטיין?

אויפֿטריט 2

טשאַצקי, סאָפֿיאַ, ליזאַ

ליזאַ
(שטיל)
קומט, פֿרײַלין, אַלעקסיי סטעפּאַניטש זען אײַך ווילן.

סאָפֿיאַ
אַנטשולדיקט, כ׳מוז וואָס גיכער גיין.

טשאַצקי
וווּהין?

סאָפֿיאַ
צום פֿאַריקמאַכער.

טשאַצקי
כ׳ווייס...

סאָפֿיאַ
צי געצײַג ט׳פֿאַרקילן.

טשאַצקי
אַ זאָרג אויך, זעסט...

סאָפֿיאַ
ניט שיין, מיר ריכטן זיך אויף געסט.

טשאַצקי
איז ווידער בלײַב איך מיטן סוד, נאָר מיר דערמעגלעבט,
דערלאַנגט מיר כאָטש די רעכט
אַרײַן צו אײַך אין צימער אויף אַ פּאָר מינוט:

ס'וועט אויפֿן האַרצן פֿרייליכער מיר ווערן!
ס'וועט מיך דערוואַרעמען, ס'וועט צוגעבן מיר מוט.
דער אָנדענק וועגן דעם, וואָס ס'וועט צוריק זיך מער ניט קערן!
ניט לאַנג פֿאַרהאַלטן כ'וועל זיך דאָרט,
אַ רגע נאָר אַ שטיי טאָן אויפֿן אָרט,
אַ קוק טאָן נאָר די ווענט ווי שײַנען!
דערנאָך: אַ מיטגליד כ'בין פֿון ענגלישן פֿון קלוב,
ווו גאַנצע טעג כ'וועל האַלטן אין איין טענהן,
ווי קלוג מאָלטשאַלין איז, ווי איידל סקאַלאָזוב.
סאָפֿיאַ טוט אַ קוועטש מיט די פּלייצעס,
גייט אַוועק צוריק און פֿאַרשפּאַרט זיך. נאָך איר אויך ליזאַ.

אויפֿטריט 3

טשאַצקי, דערנאָך מאָלטשאַלין

טשאַצקי
אַך, סאָפֿיאַ! צי דען מאָלטשאַלינען ז'האָט אויסגעקליבן!
צוריק גערעדט, פֿאַרוואָס אים ניט צו ליבן?
מיט אַלע פּיטשעווקעס אַ מאַן?
אַ ביסל שׂכל מער, נאָר אויב מע זעט ניט;
צו האָבן קינדער וועמען שׂכל קלעקט ניט?
שטיל, באַשיידן, אין פּנימל אַ גלענצעלע פֿאַראַן.
מאָלטשאַלין גייט אַרײַן
טרעט אויף די נעגעלעך, מיט וואָס ר'האָט זי פֿאַרשפּראָכן!
(ווענדט זיך צו אים.)
אָט, אַלעקסיי סטעפּאַניטש, אַ פֿאַרדראָס,
אונדז אויסריידן אַ וואָרט ט'מען ניט געגעבן.
איז וואָס? ווי גייט בײַ אײַך דאָס לעבן?
אָן אומעט איצט?

מאָלטשאַלין
ווי פֿריִער פונקט...

טשאַצקי
און פֿריִער ווי?

מאָלטשאַלין
פֿון פֿרי ביז נאַכט און פֿון דער נאַכט ביז אין דער פֿרי.

טשאַצקי
פֿון קאָרטן צו דער פען? און פֿון דער פען צו קאָרטן?
פֿון דאַנען גלייב אַהין? אַהערצו גלייב פֿון דאָרטן?

מאָלטשאַלין
נאָך מײַנע כּוחות, נאָך דער מי,
צײַט מיט אַרכיוון כ'בין פֿאַרנומען,
שוין דרײַ באַלוינונגען באַקומען.

טשאַצקי
פֿאַרזוכט פֿון ערע און פֿון רום?

מאָלטשאַלין
ס'האָט יעדער זײַן טאַלאַנט...

טשאַצקי
און איר?

מאָלטשאַלין
דאָ צוויי בײַ מיר:
מיט ווינציק זײַן אַ זאַטער,
אַן אַקוראַטער.

טשאַצקי
צוויי זעלטענע טאַלאַנטן: פֿון מײַנע מער פֿון אַלע ווערט.

מאָלטשאַלין
אײַך טשינען גייען ניט, וואָס אויפֿן דינסט געשטערט?

טשאַצקי
צו טשינען דורך אַ מענטשן מיר דערגייען,
און מענטשן ניט אויף איטלעכן פֿאַרשטייען.

מאָלטשאַלין
ווי מיר'ן זיך געחידושט!

טשאַצקי
אויף טשיקאַוועס ווי?

מאָלטשאַלין
באַדויערט אײַך.

טשאַצקי
אומזיסט די מי.

מאָלטשאַלין
טאַטיאַנאַ יוריעוונאַ, ווען זי
פֿון פּעטערבורג געקומען איז צו פֿאָרן,
האָט זי דערציילט וועגן פֿאַרבאַנד
בײַ אײַך מיט מיניסטאָרן,
דערנאָך דעם קריג.

טשאַצקי
וואָס איר דאַרף זײַן אינטערעסאַנט?

מאָלטשאַלין
טאַטיאַנאַ יוריעוונאַ!

טשאַצקי
וואָדען?

מאָלטשאַלין
טאַטיאַנאַ יוריעוונאַן!!

טשאַצקי
זי קיין מאָל ניט געזען.
געהערט, ניט פֿון דער בעסטער זײַט.

מאָלטשאַלין
וואָס רעדט איר? צי דאָס איז טאַקע זי,
טאַטיאַנאַ יוריעוונאַ!!! געהערט האָט איר דאָס ווו?
און צודערצו

אַלע באַאַמטע און יחסנים,
איר אַלע פֿרײַנד און אַלע מחותּנים,
כאָטש איין מאָל צו באַזוכן מוזט איר אָט די פֿרוי.

טשאַצקי
נאָך וואָס זשע?

מאָלטשאַלין
גלאַט אַזוי!
מיר אַ בעל־טובֿה
געפֿינען אָפֿט
ניט דאָרטן, וווּ מע האָפֿט.

טשאַצקי
איך פֿאָר צו פֿרויען, נאָר ניט נאָך אַ טובֿה.

מאָלטשאַלין
ווי גאַסטפֿרײַנטלעך זי איז, אי פֿראָסט, אי גוט, אי ווייך,
זי ווינטער בעלער גיט – ניטאָ קיין רײַכערע,
און אויף דער דאַטשע זומער פֿײַערטאָגן אויך.
אין מאָסקווע דינען אײַך געוועץ, קאָן זײַן, וואָלט גלײַכער?
אי טשינען נעמען שטילערהייט,
אי גוט אַ לעב טאָן זיך אין פֿרייד.

טשאַצקי
ווען ס'קומט צו אַרבעטן, דאַן אַרבעט איך,
און ווען צו שפּילן זיך – איך שפּיל זיך;
און מישן די צוויי זאַכן מיטאַמאָל
איז קינסטלער דאָ אַ סך; כ'בין ניט פֿון זייער צאָל.

מאָלטשאַלין
אַנטשולדיקט. כאָטש איך זע אין דעם ניט קיין חסרון;
פֿאָמאַ פֿאָמיטש אַליין, געוויס, אַז איר אים קענט?

טשאַצקי
איז וואָס?

מאָלטשאַלין

אַ שעף פֿון אָפּטײלן געװען בײַ מיניסטאָרן;
אַצינד געשיקט איז ער אַהער...

טשאַצקי

אַ האָז!
אַ גאָרנישט שבגאָרנישט פֿון די סאַמע פּוסטע!

מאָלטשאַלין

נו נײַן! זײַן סטיל איז דאָ אַ מוסטער!
אים לײענען ר׳האָט געמוזט?

טשאַצקי

כ׳בין פֿון נאַרישקײט קײן לעזער בפֿרט באַװוּסטע.

מאָלטשאַלין

און מיר האָט זיך געמאַכט אַ לײען טאָן מיט לוסט.
נאָך אים מיר שװער זיך צו אַ יאָג טאָן,
ניט קײן פֿאַרפֿאַסער כ׳בין...

טשאַצקי

מע זעט.

מאָלטשאַלין

מײַן מײנונג װאַג איך ניט אַ זאָג טאָן.

טשאַצקי

װאָס פֿאַראַ סוד?

מאָלטשאַלין

אין מײַנע יאָרן איז ניט כּדאַי
זיך שטופּן מיט אַ מײנונג פֿרײַ.

טשאַצקי

איז בלײַבן זאָל מען קינדער שטענדיק,
װײַל אַ מײנונג פֿרעמדע ז׳הײליק?

מאָלטשאַלין
פֿון לײַט מע מוז אָפּהענגיק זײַן?

טשאַצקי
מע מוז פֿאַר וואָס?

מאָלטשאַלין
אין טשין מיר זײַנען ניט אַרײַן.

טשאַצקי
(כמעט הויך)
מיט די געפֿילן! מיט אַ זעל אַזאַ צו זײַן באַליבן!..
קאַטאָוועס ווער מיט מיר געטריבן!

אויפֿטריט 4

אָוונט. אַלע טירן זײַנען אָפֿן, אַ חוץ אין סאָפֿיאַס שלאָף־צימער.
אין פּערספּעקטיוו עפֿנט זיך אַ ריי באַלויכטענע צימערן.
די לאַקייען האַוועןן, איינער פֿון זיי, **דער הויפּטלאַקיי**, זאָגט:

הײ, פֿילקאַ, פֿאָמקאַ, גיכער קריכט!
שלעפּט קאָרטן־טישן, קרײַדע, בערשטלעך שלעפּט און ליכט!
(קלאַפּט צו סאָפֿיאַן אין צימער.)
דער פֿרײַלין זאָגט וואָס גיכער, ליזאַוועטאַ:
שוין געסט פֿאַראַן,
נאַטאַליאַ דמיטראָוונאַ דאָ מיטן מאַן,
און צוגעפֿאָרן איז צום הויף נאָך אַ קאַרעטע.
מע גייט זיך פֿאַנאַנדער. ס'פֿאַרבלײַבט איין טשאַצקי.

אויפֿטריט 5

טשאַצקי, נאַלאַיאַ דמיטראָוונאַ (אַ יונגע דאַמע)

נאַטאַליאַ דמיטראָוונאַ
צי האָב איך ניט קיין טעות!.. ער טאַקע דאָס איז?
צי אויף אַן אַנדערן פֿאַרביטן?

טשאַצקי
איר מיט אַ צווייפֿל קוקט פֿון קאָפּ ביסקל די פֿיס,
דען האָבן מיך דרײַ יאָר אַזוי געביטן?

נאַלאַיאַ דמיטראָוונאַ
אַך, אַלעקסאַנדר אַנדרייִטש, איר? וואָס דאָס באַטײַט?
איך האָב געהאַלטן, אַז פֿון מאָסקווע זײַט איר ווײַט.
ווי לאַנג?

טשאַצקי
נאָר הײַנט.

נאַלאַיאַ דמיטראָוונאַ
און אויף אַ צײַט?

טשאַצקי
ווי ס'וועט זיך מאַכן.
אַ קוק טאָן נאָר אויף אײַך איז אויסטערלישע זאַכן:
פֿון פֿריִער פֿולער, פֿריש, און לעבעדיק, און שיין;
דאָס פּנים קוועלט און שײַנט און מלא־חן,
געוואָרן ייִנגער גאָר ווי פֿריִער.

נאַלאַיאַ דמיטראָוונאַ
כ'האָב חתונה געהאַט.

טשאַצקי
איז ווער זשע אײַער ריטער?

נאַלאַיאַ דמיטראָוונאַ
מײַן מאַן, איז אַ סימפּאַטישער פּאַרשוין, אַרײַן ער וועט,
באַקענען אײַך? איר ווילט?

טשאַצקי
איך בעט.

נאַלאַיאַ דמיטראָוונאַ
איך קאָן אויף פֿריִער שווערן,

אַז אײַך געפֿעלן וועט ער ווערן;
איר טוט אַ קוק און זאָגט אַליין.

טשאַצקי
איך גלייב: ער איז דאָך אײַך אַ מאַן...

נאַלאַיאַ דמיטראָוונאַ
אָ ניין, ניט נאָר דעריבער.
נאָך זיך אַליין – אַ מענטש איז ער אַ ליבער,
פּלאַטאָן מיכײַליטש, מײַן איינציקער, מײַן טרייסט.
ער אין אַרמיי געדינט האָט פֿריִער; ווער ווייסט,
וועט אים געוויס פֿאַרגינען,
אַז מיט זײַן העלדישקייט, מיט זײַן טאַלאַנט,
ביז הײַנט, ווען ער וואָלט דינען,
געווען שוין זיכער ער דער מאָסקווער קאָמענדאַנט.

אויפֿטריט 6

טשאַצקי, נאַלאַיאַ דמיטראָוונאַ, פּלאַטאָן מיכײַלאָוויטש.

נאַלאַיאַ דמיטראָוונאַ
אָט, מײַן פּלאַטאָן מיכײַליטש...

טשאַצקי
גיט נאָר אַ קוק! שוין לאַנג באַקאַנט,
אַן אַלטער פֿרײַנד, אָט אַ באַגעגעניש איז ווידער!

פּלאַטאָן מיכײַלאָוויטש
גוט מאָרגן, טשאַצקי, ברודער!

טשאַצקי
פּלאַטאָן געטרײַער, פֿײַן.
דיר אַ מעדאַל, דו פֿירסט זיך גאָר ווי ס'דאַרף צו זײַן.

פּלאַטאָן מיכײַלאָוויטש
אָט ווי דו זעסט, מיט אַלץ אַ זאַטער:
אַ מאָסקווער אײַנוווינער, אַ חתונה געהאַטער.

טשאַצקי
פֿאַרגעסן שוין דעם ניגון פֿון אַ קויל,
דעם לאַגער־רויש, די ברידער און די פֿרײַנד די בעסטע?
שוין רויִק, פֿויל?

פֿלאַטאָן מיכײַלאָוויטש
ניין, אַ באַשעפֿטיקונג פֿאַראַנען, זעסטו,
איך אויף דער פֿלייט פֿײַף אַ דועט...

טשאַצקי
און וואָס האָסטו געפֿײַפֿט פֿאַר פֿינף יאָרן פֿון פֿרי ביז שפּעט?
געשטעלט ביסטו! ניט גרינג אַ מאַן אַזאַ צו קריגן.

פֿלאַטאָן מיכײַלאָוויטש
מײַן פֿרײַנד, דיר האָבן חתונה איך ווינטש,
פֿון אומעט וועסטו פֿאַרפֿײַפֿן אויך איין ניגון.

טשאַצקי
פֿון אומעט, ווי? דען צאָלסטו שוין אים צינדז?

נאַטאַליאַ דמיטראָוונאַ
פּלאַטאָן מיכײַליטש ליב האָט אַזאַ פֿירונג,
וואָס איצט ניטאָ; זײַן אויף פּאַראַדן און מאַרשירן,
אין אַ מאַנעזש צו דורכפֿירן אַ טאָג...
איז בענקט זיך אים אַ מאָל בײַטאָג.

טשאַצקי
ווער הייסט דיר זײַן אַ ליידיקגייער?
דו ווייסט ניט וואָס צו טאָן –
אין פּאָלק, דו נעם אַן עסקאַדראָן.

נאַטאַליאַ דמיטראָוונאַ
פּלאַטאָן מיכײַליטש איז אויף געזונט אַ שוואַכער זייער.

טשאַצקי
שוואַך דאָס געזונט? ווי לאַנג איז עס אַזוי?

נאַלאַיאַ דמיטראָוונאַ
אַלץ רומאַטיזם[13], און נאָך דער קאָפּ אים טוט ווײ.

טשאַצקי
באַוועגונג מער: אין דאָרף צו לעבן ביידן.
וואָס אָפּטער אויפֿן פֿערד. אין דאָרף איז אַ גן־עדן.

נאַלאַיאַ דמיטראָוונאַ
פּלאַטאָן מיכײַליטש מאָסקווע ט׳האָלט
אַ שטאָט, פֿאַר וואָס אין וואַלד פֿאַרלירן אים די יאָרן!

טשאַצקי
אַ שטאָט גאָר... מאָסקווע... אָט אַ יאָלד!
ווי לאַנג איז עס געוואָרן.
געדענקסט אַמאָל?

פּלאַטאָן מיכײַלאָוויטש
יאָ, ברודערקע, ניט אַזוי אַצינד.

נאַלאַיאַ דמיטראָוונאַ
אַך, מײַן קרוין, דאָ ציט אַ ווינט,
אַזש אַ געפֿאַר:
דו גייסט צעבראַסטעט, אָפּגעשפּיליעט דעם זשילעט.

פּלאַטאָן מיכײַלאָוויטש
אַצינד בין איך ניט דער...

נאַלאַיאַ דמיטראָוונאַ
נו פֿייגעלע, איך בעט.
פֿאַרשפּיליע זיך און זײַ, איך בעט, קיין נאַר.

פּלאַטאָן מיכײַלאָוויטש
אַצינד בין איך ניט דער...

נאַלאַיאַ דמיטראָוונאַ
פֿאַרשפּיליע זיך, ס׳איז קאַלט.

פלאַטאָן מיכײַלאָוויטש
אָט באַלד...

נאַלאַיאַ דמיטראָוונאַ
שוין פֿאָלג אַ מאָל אַן עצה,
אַ צוגווינט בלאָזט דיר גלײַך אין פּלייצע.

פלאַטאָן מיכײַלאָוויטש
אַצינד בין איך ניט דער...

נאַלאַיאַ דמיטראָוונאַ
נו טו אַ טובֿה מיר:
טרעט גיכער אָפּ פֿון טיר.

פלאַטאָן מיכײַלאָוויטש
אַך, מוטערל!
(די אויגן פֿאַרריסן צום הימל)

טשאַצקי
נו גאָט מיט דיר!
באמת ביסט אַן אַנדערער געוואָרן
אין אַזאַ קורצער צײַט! צי ניט נאָך פֿאַראַיאָרן,
אין פּאָלק כ'האָב דיך געוווּסט? ווי טאָג נאָר ווערט:
אין זאָטל – יאָגסט זיך אויף אַ פֿײַערדיקן פֿערד;
פֿון פֿאָרנט צי אין פּלייצע מעג דער האַרבסט־ווינט בלאָזן.

פלאַטאָן מיכײַלאָוויטש
(זיפֿצט)
אַך, ברודערל, וואָס פֿאַראַ לעבן כ'האָב געלאָזן.

אויפֿטריט 7

די זעלבע, פֿירשט טוגאָאוכאָווסקי און די פֿירשטין מיט זעקס טעכטער.

נאַלאַליאַ דמיטראָוונאַ
(מיט אַ דין קולכל)
דער פֿירשט פּיאָטר איליטש, די פֿירשטין, – זיי!
אַך גאָט מײַנער! מימיי! זיזי!

הילכיקע טשמאָקערײַ, דערנאָך צעזעצט מען זיך און מע קוקט אַרום אײנע די צווייטע פֿון קאָפּ ביז די פֿיס.

1טע פֿירשטין
סאַראַ פֿאַסאָן אַ פֿײַנער!

2טע פֿירשטין
וואָס פֿאַראַ פֿעלדעלעך!

1טע פֿירשטין
מיט צויט באַנײַט.

נאַלאַיאַ דמיטראָוונאַ
ניין, איר וואָלט זען דער טויר־לויר־ליי אַ וועלכער מײַנער.

3טע פֿירשטין
סאַראַ עשאַרפּ[14] ט׳געשענקט מיר מײַן קוזין!

4טע פֿירשטין
אַך! אַ באַרעזשעוון![15]

5טע פֿירשטין
אַך, שיין ווי!

6טע פֿירשטין
אַך, ווי דין!

פֿירשטין
טס־שאַ! – ווער איז אין ווינקל דאָרט אַרײַן און אונדז באַגריסט?

נאַלאַיאַ דמיטראָוונאַ
אַ גאַסט, ס׳איז טשאַצקי.

פֿירשטין
אין דעמיסיע?

נאַלאַיאַ דמיטראָוונאַ
יאָ.

פֿירשטין

און נאָך אַ בחור?

נאַלאַיאַ דמיטראָוונאַ

יאָ.

ניט לאַנג זיך אומגעקערט פֿון ווײַטע קאַנטן.

פֿירשטין

פֿירשט, פֿירשט, קום גיך אַהער!

פֿירשט

(טוט אַ קער צו איר דאָס הער־טרײַבל)

וואָס, וואָס?

פֿירשטין

לויף גיכער נאָך נאַטאַליאַ דמיטראָוונאַס באַקאַנטן,

פֿאַרבעטן דינסטיק אויף אַן אָוונט – אָט איז ער!

פֿירשט

וואָס, וואָס?

(טוט זיך אַ לאָז צו טשאַצקין, דרייט זיך אַרום אים, הוסט אונטער)

פֿירשטין

אָט, מיידלעך, וואָס פֿאַראַ וועלטן!

איר הערט?

אַ באַל צליב אײַך, נאָר דער פֿאָטער מוז לויפֿן בייגן זיך צו ד׳רערד;

געוואָרן טענצער זײַנען זעלטן.

ער איז אַ קאַמער־יונקער?

נאַלאַיאַ דמיטראָוונאַ

ניין.

פֿירשטין

רײַך?

נאַלאַיאַ דמיטראָוונאַ

אָ, ניין!

פֿירשטין
(הויך אויף אַ קול)
פֿירשט, פֿירשט, צוריק צו מיר!

אויפֿטריט 8

די זעלבע און די גראַפֿיניע כרומינאַ: די באָבע מיטן אייניקל.

גראַפֿיניע־אייניקל
אַך! **grand'maman** ווער קומט עס אַזוי פֿרי צו פֿאָרן!
די ערשטע זײַנען מיר!
(אַנטרינט אין אַ זײַטיקן צימער.)

פֿירשטין
ווער ס'האָט אונדז באַערט!
בייז, שיינקען זאָל איר גאָט, אַ מויד אין יאָרן,
די ערשטע קומט, נאָר אונדז ווי ניט באַמערקט!

גראַפֿיניע־אייניקל
(קומט צוריק, פֿירט אָן אויף טשאַצקין אַ טאָפּלטן לאָרנעט)
מסיע טשאַצקי! דאָ אין מאָסקווע? זיך ניט געענדערט,
דער זעלבער, ווי אַמאָל?

טשאַצקי
צו וואָס זיך בײַטן כ'זאָל?

גראַפֿיניע־אייניקל
אַ בחור נאָך געקערט זיך?

טשאַצקי
ווו נעמט מען זיך אַ פֿרוי?

גראַפֿיניע־אייניקל
אין פֿרעמדע קאַנטן? אוי!
אַ מאַסע אונדזערע – ניט פֿרעגנדיק קיין נאָמען,
פֿון דאָרטן פֿרויען זיך מע ברענגט,

אונדז קרובֿהשאַפֿט מע שענקט
מיט קינצלערקעס פֿון מאָדע־קראָמען.

טשאַצקי
אָט, נעבעך, אויף מאָדיסטקעס גיסט מען אויס די גאַל,
אַ צײַט פֿאַר נאָכמאַכערס געקומען!
פֿאַר וואָס ט׳מען דעם אָריגינאַל,
און ניט די אָפּשריפֿטן גענומען.

אויפֿטריט 9

די זעלבע און פֿיל אַנדערע געסט צווישן זיי זאַגאָרעצקי.
מאַנספּאַרשוינען דערשײַנען, מע באַגריסט זיך, מע גייט אָפּ אין אַ זײַט,
מע גייט אַרום פֿון איין צימער אין צווייטן און אַזוי ווײַטער.
סאָפֿיאַ קומט אַרײַן. אַלע גייען איר אַנטקעגן.

גראַפֿיניע־אייניקל
Eh! bon soir! vous voila! Jamais trop diligente,
Vous nous donnez toujours le plaisir de l'attente.[16]

זאַגאָרעצקי
אויפֿן ספּעקטאַקל מאָרגן אַ בילעט איז דאָ?

סאָפֿיאַ
ניטאָ.

זאַגאָרעצקי
דערלויבט, איר קאָנט אים באַלד באַקומען,
אומזיסט וואָלט זיך אַן אַנדערער גענומען
אײַך אַ געפֿעליקייט צו טאָן.
דערפֿאַר – ווהין זיך ניט געשלײַדערט! אין קאַנטאָר –
שוין לאַנג צענומען.
דאַן צום דירעקטאָר – אַ באַקאַנטער איז ער מיר, –
פֿאַרקליבן האָב איך זיך צו אים גאָר פֿרי.
נאָר אַלץ אומזיסט, הגם איך קען אים!
פֿון אָוונט קריגן ט׳קיינער ניט געקענט;

איך דריי זיך, ווי אַ שלאַנג, צו דעם, צו יענעם,
און דעם בילעט אַרויסגעריסן פֿון די הענט
בײַ אַלטיטשקן בײַ איינעם, קוים וואָס די פֿיסלעך גייען,
אַ פֿרײַנד מיר – מעג ער אָפּרוען אין בעט.

סאָפֿיאַ
אַ דאַנק פֿאַרן בילעט
און פֿאַרן סטאַרען זיך צוויי מאָל אַ דאַנק!

עס קומען צו נאָך אייניקע, זאַגאָרעצקי דערווײַל טרעט אָפּ צו די מאַנצבלען.

זאַגאָרעצקי
פּלאַטאָן מיכײַליטש.

פּלאַטאָן מיכײַליטש
טרעט אָפּ!
גיי צו די פֿרויען, זיי דאָרט לײַג און דריי אַ קאָפּ:
כ'וועל מיט אַזאַ מין אמת באַלד דיך בענטשן,
וואָס ערגער פֿון אַ ליגן.
(צו טשאַצקין)
אָט, איך שטעל אים פֿאָר!
ווי העפֿלעך אָנרופֿן אַזעלכע מענטשן –
אַ מענטש אַ וועלטלעכער, אויב איידעלער אַ האָר –
אַ פּלוט, אַ דרייקאָפּ פֿון די סאַמע גרעסטע,
אַנטאָן אַנטאָניטש זאַגאָרעצקי.
פֿאַר אים דו זײַ געהיט,
ער ליב האָט אָנריידן צו לויפֿן,
און זעצן זיך אין קאָרטן – גאָט באַהיט! –
ער וועט פֿאַרקויפֿן.

זאַגאָרעצקי
אַ ברומלער! אַן אָריגינאַל,
אָבער בכלל –
איז ניט קיין שלעכטער.

טשאַצקי
באַליידיקן זיך וואָלט געווען אײַך אַ געלעכטער,

חוץ ערלעבקייט, איז טרייסטן דאָ אַ וועלט:
הי זידלט מען, און דאָרטן איר געפּעלט.

פּלאַטאָן מיכײַלאָוויטש
אָך, ברודער, ניין! בײַ אונדז אי זידלען וועט מען,
אי אומעטום צו גאַסט פֿאַרבעט מען.
זאַגאָרעצקי צעמישט זיך מיטן המון.

אויפֿטריט 10

די זעלבע און כליאָסטאָוואַ.

כליאָסטאָוואַ
צי גרינג איז מיר אין פֿינף און זעבציק יאָר
צו דיר, פּלימעניצע, זיך שלעפּן?
אַ שעה אַ היפּשע פֿון פּאָקראָווקע פֿאָר,
ווי קראַפּט צו שעפּן!
דאָס האַרץ קוים וואָס עס קלאַפּט.
אַ נאַכט סדום און עמורה!
מיט זיך דאָס הינטעלע, ניט אויס פֿאַר מורא,
און אויך אַ מויד אַ שוואַרצינקע פֿאַרכאַפּט;
צו הייס זיי אָנקאָרמענען שוין, מײַן שיינדל,
וואַרף צו פֿון אָוונט ברויט אַ ביינדל.
גוט אָוונט, פֿירשטין אײַך!
(זעצט זיך.)
נו, סאָפֿיושקאַ, מײַן פֿרײַנד,
אַן אתיופּיהרין איך האָב – צו זען וואָלסט ווי זי שײַנט.
דאָס קעפּל אַ קודלאַטע!
די פּלייצע אַ האָרבאַטע!
אַ ווילדער בליק!
אַ בייזלעבע! מיט קעצישע אַלץ שטיק!
הײַנט שוואַרץ! הײַנט מיאוס!
אָט ווי האָט גאָט געשאַפֿן בריאות!
אַן עכטער שד; אין מוידן־צימער זיצט;
אַ רוף טאָן אפֿשר?

סאָפֿיאַ
ניין, ניט איצט.

כליאָסטאָוואַ
דו שטעלסט זיך פֿאָר אַ נײַעס:
ס'איז דאָ אַ שטאָט אַ טערקישע, האָב איך געהערט,
ווּ דאָרט באַווײַזט מען זיי ווי חיות...
און ווער דעם דאַנק איז טאַקע ווערט?
אַנטאָן אַנטאָניטש זאַגאָרעצקי. אָט איז ער.
זאַגאָרעצקי שטעקט זיך אַרויס.
אַ קאָרטן־שפּילער, בלאָפֿער און אַ גנבֿ,
שיט ליגנס אָן אַ מאָס.
זאַגאָרעצקי ווערט פֿאַרשווונדן
כ'האָב שוין געהאַט פֿאַרשפּאַרט פֿון אים דעם טויער אויפֿן שלאָס,
נאָר צופּאַסן זיך איז ער אַ בריה;
הער צו וואָס ר'האָט זיך דערטראַכט:
מיר מיט מײַן שוועסטערל לוקעריאַ
פֿון אַ יריד צוויי שוואַרצינקע געבראַכט;
געקויפֿט, זאָגט ער, האָט ער זיי דאָרטן.
אַ קונץ, –
מסתּמא אויסגעשפּילט אין קאָרטן,
נאָר מיר געשענקט, גיב גאָט געזונט.

טשאַצקי
(מיט אַ געלעכטער צו פּלאַטאָן מיכײַלאָוויטשן)
פֿון אַזאַ לויבן דיך געזונט ס'טו ניט באַקומען,
אַליין ניט אויסגעהאַלטן זאַגאָרעצקי און אַנטרונען.

כליאָסטאָוואַ
דער וויצלינג, ווער? פֿון וועלכן שטאַנד?

סאָפֿיאַ
וואָס שטייט?
ס'איז טשאַצקי.

כליאָסטאָוואַ
נו? איז וואָס אויף אים די פֿרייד?

אָט נאָך אַ קוועלער!
וואָס האָט ער דאָ געפֿונען פֿאַראַ פֿעלער?
ניין, אויסלאַכן דאָס אַלטקייט איז אַ זינד.
כ׳געדענק, מיט אים האָסטו געטאַנצט, ווען ביסט געווען אַ קינד.
כ׳האָב אים די אויערן געריסן.
אים ווינציק, זעסט, געשמיסן.

אויפֿטריט 11

די זעלבע און פֿאַמוסאָוו

פֿאַמוסאָוו

(הילכיק)

מיר וואַרטן אויפֿן פֿירשט, און ער ז׳שוין דאָ!
און מיך צום קאָרטן־טיש האָט מען פֿאַרצויגן.
און ווו איז סקאַלאָזוב? ניין, דאַכט זיך, אַז ניטאָ, –
אַ מענטש איז ער וואָס וואַרפֿט זיך אין די אויגן,
סערגיי סערגייִטש סקאַלאָזוב.

כליאָסטאָוואַ

געמאַכט מיך טויב! אַ קולכל – עס טרייסלט זיך די שטוב.

אויפֿטריט 12

די זעלבע און סקאַלאָזוב, דערנאָך מאָלטשאַלין.

פֿאַמוסאָוו

סערגיי סערגייִטש, איר האָט זיך פֿאַרהאַלטן.
מע וואַרט, מע וואַרט אויף אײַך – ניט צו דערוואַרטן.
(פֿירט אים צו צו כליאָסטאָוואַ)
מײַן שוועגערין. שוין ווען אײַך מיט איר גערעדט.

כליאָסטאָוואַ

איר׳ט פֿריִער דאָ געדינט אין פּאָלק אין גרענאַדיאָרסקן?
(זיצט)

סקאַלאָזוב
פֿאַרקערט:
אין אימפּעראַטאָרישן, קלערט,
נאָוואָ־זעמליאַנסקי־מושקעטיאָרסקן.

כליאָסטאָוואַ
איך בין קיין מבֿין
די פֿאָלקן, זעט איר, אונטערשיידן.

סקאַלאָזוב
דאָ צייכנס: אין די פֿאָרמעס לעצעלעך אין קנעפּ,
און היטלעך מיט קאָקאַרדעס אויף די קעפּ.

פֿאַמוסאָוו
סערגיי סערגייִטש, כ׳בעט זיך צו באַמִיען;
קומט, טרײַבן איר׳ט אַ ביסל שפּאָט,
אַ וויסט דאָרט אַ קוריעזער. פֿירשט, קומט מיט אונדז!

כליאָסטאָוואַ
(צו סאָפֿיאַן)
מײַן גאָט!
באַפֿרײַט זיך ענדלעך, ווי פֿון תּליה;
דײַן פֿאָטער איז דאָך ווילד:
באַקענט און ניט געפֿרעגט אַפֿילו, צי ער ז׳מיר מילד!
צו וואָס האָט ער זיך אים געגעבן,
דער דרײַ־קלאַפֿטערנדיקער העלד!

מאָלטשאַלין
(דערלאַנג אַ קאָרט)
כ׳האָב אײַער קאָן צונויפֿגעשטעלט.
מסיע קאָק, פֿאָמאַ פֿאָמיטש און איך.

כליאָסטאָוואַ
אַ דאַנק, מײַן טײַערער!
(שטייט אויף.)

מאָלטשאַלין
דאָס הינטל אײַערס, ווי מע זעט,

אַ וווּנדערשיינער שפּיץ, מיט אַזאַ הילכיק קולעכל,
איך האָב אים אַלץ געגלעט.
אָט פּונקט ווי זײַד דאָס פֿעלכל.

כליאָסטאָוואַ
אַ דאַנק, מײַן שײַן!

גייט אַוועק, נאָך איר מאָלטשאַלין און פֿיל אַנדערע.

אויפֿטריט 13

טשאַצקי, סאָפֿיאַ און עטלעכע זײַטיקע, וואָס ווײַטער גייען זיי זיך פֿאַנאַנדער

טשאַצקי
דעם וואָלקן ט'ער צעשרויט...

סאָפֿיאַ
בעסער ניט פֿאָרזועצן, קאָן זײַן?

טשאַצקי
צי דען כ'האָב אײַך דערשראָקן אַזוי האַסטיק?
באַרויִקט האָט ער די צערייצטע גאַסטין,
געוואָלט אים אַ באַרים טאָן...

סאָפֿיאַ
און דערנאָך –
פֿאַרענדיקט וואָלט איר מיט אַ שטאָך.

טשאַצקי
וואָס איך דאָ קלער
איר ווילט אויסהערן?
איז אָט: די אַלטע פֿרויען איז אַ פֿאָלק
אַ בייזער, אַ פֿאַרקרימטער;
עס וואָלט געווען אַ רעכטער טאָלק
בײַ זיי זאָל אַ באַדינער זײַן באַרימטער,
מאָלטשאַלין! – כ'פֿרעג, ווער נאָך, חוץ אים,
קאָן אַלץ פֿאַרגלעטן מיט אַ זיסער שטים!

דאָ צו דער צײַט צום קאָרטן־טיש פֿאַרבעטן,
דאָרט בײַ דערבײַ דאָס הינטעלע צו גלעטן,
ניין, זאַגאָרעצקי וועט ניט אָפּשטאַרבן אין אים!
ווען איר געציילט וואָלט זײַנע אייגנשאַפֿטן לענגער,
פֿאַרגעסן וואָלט איר אָנקומען צום סוף? –
אַיאָ?
(גייט אַוועק.)

אויפֿטריט 14

סאָפֿיאַ, דערנאָך ה. N

סאָפֿיאַ
(פֿאַר זיך)
אַך!
ווי אָט דער מענטש צו ייִאוש קאָן דערברענגען!
דערנידעריקן גרייט, אַ שטאָך טאָן, בייז,
ניט קיין פֿאַרגינער, האַלט זיך בײַ זיך גרויס!

ה. N
(גייט צו)
איר האַלט אַלץ אין איין דענקען?

סאָפֿיאַ
פֿון טשאַצקין.

ה. N
ווי געפֿינט איר אים נאָכן אַהיימקער?

סאָפֿיאַ
אין די געדאַנקען ז'ער ניט קלאָר.

ה. N
וואָס הייסט? משוגע גאָר?

סאָפֿיאַ
(נאָך אַ פּויזע)
ניט וואָס אין גאַנצן...

ה. N
נאָר דאָ פֿאָרט צייכנס?

סאָפֿיאַ
(קוקט ערנסט אויף אים)
כ'וואָלט געשוואָרן...

ה. N
ווי קאָן דאָס זײַן אין זײַנע יאָרן!

סאָפֿיאַ
וואָס טוט מען?
(אין אַ זײַט)
גלייבן איז ער גרייט!
אַך, טשאַצקי, קליידן האָט איר ליב אַ צווייטן אין אַ ליץ,
איצט מעסט דעם בגד אָן אויף אײַער פּלייצע.
(גייט אַוועק.)

אויפֿטריט 15

ה. N, דערנאָך ה. D

ה. N
משוגע שוין!
פֿון וואַנען נעמט זי דאָס! זי וואָלט געשוואָרן!
איז ניט אומזיסט, איך מיין!
האָסט שוין געהערט?

ה. D
וואָס?

ה. N
טשאַצקי...

ה. D
נו?

ה. N
דעם זינען ר׳האָט פֿאַרלאָרן.

ה. D
עט, פוסטע רייד.

ה. N
ניט איך, נאָר לײַטן זאָגן.

ה. D
און דו צעפּויקן ביסט עס גרייט?

ה. N
דערקונדיקן זיך כ׳גיי, וואָס אַנדערע דערציילן.

אויפֿטריט 16

ה. D, דערנאָך זאַגאָרעצקי

ה. D
אָט גלייב דעם פּלוידערזאַק! מע קאָן שוין בײַ אים פּועלן
ווי נאָר אַ נאַרישקייט דערהערט!
דו וועגן טשאַצקין האָסט געהערט?

זאַגאָרעצקי
וואָס איז?

ה. D
פֿון זינען ער׳ט גערירט זיך.

זאַגאָרעצקי
יאָ, כ׳ווייס, כ׳געדענק.
אַזאַ מין קרענק
זאָל איך ניט וויסן, ווו ס׳פֿאַרפֿירט זיך!
אַ מוסטערהאַפֿטער צופֿאַל איז אַרויס;
אין משוגעים־הויז
האָט אים פֿאַרפֿאַקט אַ פּלוט, זײַן פֿעטער...
מ׳האָט אים געכאַפּט, אַוועקגעזעצט דאָרט אויף אַ קייט.

ה. D

וואָס רעדט ער! –
אין יענעם צימער, כ'האָב געזען, ער שטייט.

זאַגאָרעצקי

הייסט עס, אַז מ'האָט אים שוין אַראָפּגעלאָזט פֿון קייט.

ה. D

נו, ליבער פֿרײַנד, מיט דיר באַדאַרף מען ניט קיין בלעטער,
די פֿליגלען מײַנע כ'האָב צעשפּרייט,
אַ פֿרעג טאָן כ'פֿלי נאָך וועמען איינעם.
נאָר שאַ!
דערצייל דערווײַל ניט קיינעם.
(גייט אַוועק.)

אויפֿטריט 17

זאַגאָרעצקי, דערנאָך גראַפֿיניע־אייניקל

זאַגאָרעצקי

וואָס פֿאַראַ טשאַצקי איז דאָ, האַ?
ס'איז אַ פֿאַמיליע אַ באַוווּסטע.
מיר דוכט, אַז קענען כ'האָב געמוזט אים,
געהערט מיט אים וואָס איז געשען?

גראַפֿיניע־אייניקל

מיט וועמען?

זאַגאָרעצקי

מיט טשאַצקין: אָט איז ער אין צימער יענעם.

גראַפֿיניע־אייניקל

איך ווייס, אים שוין געזען.

זאַגאָרעצקי

איז גראַדוליר איך אײַך: ער איז משוגע...

גראַפֿיניע־אייניקל
וואָס?

זאַגאָרעצקי
גערירט זיך.

גראַפֿיניע־אייניקל
שטעלט אײַך פֿאָר: באַמערקט כ׳האָב עס אַליין,
ער פֿירט זיך מאָדנע אויף,
מיר טראַכטן ביידע – איינס, כאָטש גיי מיט אײַך אין אַ געוועט.

אויפֿטריט 18

די זעלבע און די גראַפֿיניע־באָבע

גראַפֿיניע־אייניקל
Ah! grand'maman, אַ וווּנדער וואָס איר זעט!
צי ניט געהערט, וואָס ס׳איז געשען? איר ווילט אַ נײַעס וויסן?
איז הערט, וואָס טוט זיך דאָ!..

גראַפֿיניע־באָבע
מײַ פֿרענט, מיר האָט זעך אין די אויכערן פֿאַרביסען,
רעד העכיר.

גראַפֿיניע־אייניקל
ס׳איז קיין צײַט ניטאָ!
(ווײַזט אָן אויף זאַגאָרעצקין.)
Il vous dira toute l'histoire[17]
כ׳וועל לויפֿן פֿרעגן...

אויפֿטריט 19

זאַגאָרעצקי, גראַפֿיניע־באָבע

גראַפֿיניע־באָבע
וואָס? וואָס? ס׳איז ערגעץ דאָ אַ שרייפֿה?

זאַגאָרעצקי
ניין, טשאַצקי האָט פֿאַרפֿירט דעם גאַנצן קלאָג.

גראַפֿיניע־באָבע
ווי? טשאַצקין ט׳מער פֿאַרפֿירט אין אַן אָסטראָג?

זאַגאָרעצקי
פֿאַרוווּנדעט אין די בערג אין קאָפּ. אַ משוגעת האָט ער.

גראַפֿיניען־באָבע
צו פֿאַרמאַזאַנען אין אַ קלאָב? געפֿאָרן שוין אַ טוטער?

זאַגאָרעצקי
פּרוּוו מאַך איר קלאָר!
(גייט אַוועק.)

גראַפֿיניע־באָבע
אַנטאָן אַנטאָניטש! אַך! אַפּעק!
מע פֿליט אַרום פֿאַרדרייזלטע פֿון שרעק!

אויפֿטריט 20

גראַפֿיניע־באָבע און פֿירשט טוגאָאוכאָווסקי

גראַפֿיניע־באָבע
פֿירשט, פֿירשט, אַך מיר, דער פֿירשט! האָט אַזאַ פֿעלער
און סלעפּט זיך אַרום איבער די בעלער.
אַליין קוים פּאָס ער שפּאַנט. פֿירשט, איר האָט געהערט?

פֿירשט
אַ־כם?

גראַפֿיניע־באָבע
טויב ווי די וואַנט,
כאָטש אפֿשר פֿייסט איר,
צי דאָ איז ווו אַ פּאָלישמייסטער.

פֿירשט
ע־כם?

גראַפֿיניע־באָבע
געבאַפּט ווער טשאַצקין האָט?

פֿירשט
כם?

גראַפֿיניע־באָבע
סאַראַ זאָלדאַט,
אַ ביקס אים מיט אַ ראַנעץ –
אַ בייזער וואָלטאַריאַנעץ!

פֿירשט
אַי־כם?

גראַפֿיניע־באָבע
יאָ, יאָ, ער איז אַ טוטער!
וואָס איר זײַט, נעבעך טויף?
נעמט אײַער טרײַפּל, פֿוטער.
ס'איז ביטער, ליבינקער, איך גלויף.

אויפֿטריט 21

די זעלבע און כליאָסטאָוואַ, סאָפֿיאַ, מאָלטשאַלין, פּלאַטאָן מיכײַלאָוויטש,
נאַטאַליאַ דמיטראָוונאַ, גראַפֿיניע־אייניקל, די פֿירשטין
מיט זעקס טעכטער, זאַגאָרעצקי, סקאַלאָזוב, דערנאָך פֿאַמוסאָוו און אַנדערע.

כליאָסטאָוואַ
פֿאַרדײַען כ'בעט! אַראָפּ פֿון זינען!
ווי איינס און צוויי! אין מיטן דרינען!
געהערט שוין, סאָפֿיאַ?

פּלאַטאָן מיכײַלאָוויטש
ווער האָט דער ערשטער דאָס דערציילט?

נאַטאַליאַ דמיטראָוונאַ

אַך, אַלע!

פּלאַטאָן מיכײַלאָוויטש

אויב אַלע, מוז מען גלייבן דאַן במילא,
בײַ מיר איך האָב אָבער אַ צווייפֿל.

פֿאַמוסאָוו

אַז וואָס? אַז טשאַצקי איז אַ חולה?
איך האָב אַנטדעקט, דער ערשטער איך.
און איר געפֿינט עס ניט?
שוין לאַנג, אַז ס'וווּנדערט מיך,
פֿאַר וואָס אים קיינער בינדט ניט!
וועגן דער מאַכט
פּרוּווט נאָר גוטס אַ זאָג טאָן,
וועט ער אײַך אומבאַדאַכט
מציאה וואָס אַ בראָך טאָן!
זאָל ווער זיך בייגן, ווי אַ רונג,
כאָטש פֿאַרן קייסער, רופֿט ער אָן אים טרייפֿער יונג...

כליאָסטאָוואַ

דערצו – אַ לאַבעדיקער: געזאָגט כ'האָב אַ פּאָר ווערטער,
גלײַך אויסגעשאָסן אַ געלעכטער.

מאָלטשאַלין

מיר דינען אין אַרכיוון אָפּגערעדט.

גראַפֿיניע־אייניקל

מאָדיסטקע מיך דערלויבט זיך רופֿן!

נאַטאַליאַ דמיטראָוונאַ

אין דאָרף צו לעבן אונדז געשטופּן!

זאַגאָרעצקי

פּולקום משוגע...

גראַפֿיניע־אייניקל
ווי מע זעט.

פֿאַמוסאָוו
ער אין דער מוטער, דער פֿאַרשטאָרבענע, געראָטן;
אַראָפּ פֿון זינען נעבעך איז זי זיבן מאָל.

כליאָסטאָוואַ
ניט צו מקנא זײַן זײַן ראָל!
נאָר אין דער וועלט אַרײַן געפּרוווט אַ טראָט טאָן
און גלײַך פֿון זינען שוין אַ שפּרונג!

פֿירשטין
טאַקע ריכטיק!

גראַפֿיניע־אייניקל
פּונקט.

כליאָסטאָוואַ
געזופּט שאַמפּאַניער גאַנצע גלעזער.

נאַטאַליאַ דמיטראָוונאַ
פֿון פֿלאַש געטרונקען, זאָגט זשע בעסער.

זאַגאָרעצקי
ניין, געזופּט פֿון עמער און פֿון פֿעסער.

פֿאַמוסאָוו
ניט גרויס דער אומגליק! אַ מענטש טרינקט אויס אַ מאָל!
די לערע – אָט אַ צרה.
געלערנטקייט – דאָרט שטעקט דאָס בייז,
וואָס הײַנט איז מער און יעדער ווייסט –
פֿון ווילדע זאַכן, מענטשן און געדאַנקען.

כליאָסטאָוואַ
און ס׳קאָנען טאַקע מאַכן פֿאַר אַ קראַנקען.
ווי הייסן זיי,

די פֿאַנסיאָנען, שולן, דער ליציי –
משוגע איז צו ווערן, ניט געזאָגט פֿאַר קיינעם,
און פֿון לאַנקאַסטערסקיע[18] דעם לערנען זיך אין איינעם.

פֿירשטין
ניין, ס'איז דאָ אין פעטערבורג אַן אינסטיטוט,
אַ פּע־דאַ־גאָ־גי־שער, אַזוי, דוכט, הייסט ער,
דאָרט ווײַזט מען אויף ווי ס'איז ניט גוט
צו גלייבן און צו גיין אין קלויסטער,
פּראָפֿעסאָרן! שטודירט עס האָט בײַ זיי
מײַנער אַן אייגענער, און איז אַרויס, אוי וויי! –
כאָטש אין אַפּטייק אים שטעלן
פֿאַר אַ געזעלן.
ר'האָט פֿרויען פֿײַנט, ווי פֿײַנט האָט מען אַ שפּין,
אַפֿילו מיך. ניט וויסן וויל פֿון קיין שום טשין!
אַ כימיקער איז ער און אַ „באָטעניק",
פֿירשט פֿיאָדאָר, מײַן פּלימעניק.

סקאַלאָזוב
אָט זעט,
כ'וועל אײַך דערפֿרייען.
דער עולם רעדט,
אַז אַ פּראָיעקט פֿאַראַן איז פֿאַר שולן און ליצייען;
דאָרט לערנען וועט מען ווי בײַ אונדז: איינס, צוויי;
און ביכער זאָלן בלײַבן גלאַט אַזוי!

פֿאַמוסאָוו
ניין, ליבינקער, מע זאָל מיט שלעכטס זיך מער ניט קענען:
איז צונעמען די ביכער אַלע און פֿאַרברענען!

זאַגאָרעצקי
נו ניין, אַ בוך איז צו אַ בוך ניט גלײַך.
דעם אמת זאָגן אײַך:
ווען פֿאַר אַ צענזאָר מיך וואָלט מען באַשטימען,
איז פֿון די פֿאַבלען ניט געבליבן שוין קיין סימן!
אָך, פֿאַבלען, ס'איז מײַן טויט! –
מע לאַכט פֿון די, וואָס זײַנען אויבן,

פֿון אָדלערס און פֿון טויבן!
כאָטש חיות זיי, נאָר פֿאָרט קיסרים, גלויבט?

כליאָסטאָוואַ
ווער, מײַנע פֿאָטערלעך, איז שוין משוגע,
אַלץ איינס פֿון וואָס דער מענטש איז קראַנק,
פֿון טרינקען צי פֿון ביכער קלוגע:
אויף טשאַצקין טוט מיר סײַ־ווי באַנג:
פֿון האַרץ אַ קריסטלעכן עס קומט אים מיטלײַד,
דערבײַ
נפֿשות ער'ט געהאַט אַ הונדערט דרײַ.

פֿאַמוסאָוו
פֿיר.

כליאָסטאָוואַ
ניין, דרײַ!

פֿאַמוסאָוו
פֿיר הונדערט! לויט מײַן קאַלענדאַר...

כליאָסטאָוואַ
דרײַ, מײַן האַר.
זיי לײַגן אַלץ, די קאַלענדאַרן.

פֿאַמוסאָוו
אָט פונקט פֿיר הונדערט, אָך, אַ היציקע זיך שפּאַרן!

כליאָסטאָוואַ
ניין, דרײַ, ניט וויסן כ'זאָל ווער וואָס פֿאַרמאָגט...

פֿאַמוסאָוו
פֿיר הונדערט האָב איך אײַך געזאָגט!

כליאָסטאָוואַ
ניין, דרײַ, דרײַ, דרײַ!

אויפֿטריט 22

די זעלבע און טשאַצקי.

נאַטאַליאַ דמיטראָוונאַ

אָט גייט ער.

אַלע

(מע רוקט זיך אָפּ פֿון טשאַצקין אין אַ זײַט.)

כליאָעסטאָוואַ

און אויב זיך שלאָגן וועט אַ וואָרף טאָן זיך דער ווילדער,
זיך אָפּרעכענען מיט אונדז!

פֿאַמוסאָוו

אָך, גאָטעניו! אויף דיר איך האָף!
(צו טשאַצקין)
ליבהאַרציקער, אַרויס ביסטו פֿון כּלים.
באַווײַז דעם פּולס. ביסט ניט געזונט.
פֿון וועג איז גוט אַ שלאָף טאָן.

טשאַצקי

ניטאָ שוין מער קיין כּוח –
יאָ, שמערצן אַ מיליאָן פֿון דריקן, פֿון האַלדזערײַ,
די פּיס – פֿון שאַרן, און אויערן שוין רויט פֿון קוויטשערײַ,
און מער פֿון אַלץ טוט ווײ דער מוח פֿון שטותערײַ.
(גייט צו צו סאָפֿיאַן.)
אַ מאָדנע לײַד אין דער נשמה זיך באַזעצט,
כ'בין אין דער מענגע מענטשן, ווי צעפּלעטשט.
ניין, ניט צום האַרץ איז מאָסקווע מיר.

כליאָסטאָוואַ

מאָסקווע, זעסטו, איז אים שולדיק.

פֿאַמוסאָוו

פֿון אים וואָס ווײַטער.
(ווינקט צו דער טאָכטער.)
גם, סאָפֿיאַ! זי באַמערקט ניט!

סאָפֿיאַ
(צו טשאַצקין)
זאָגט, פֿון וואָס דערצאָרנט זײַט איר?

טשאַצקי
אין יענעם צימער אַ באַגעגעניש אַ קליינע
מיט אַ פֿראַנצייזל פֿון באָרדאָ, ווי אויף די ציינער,
זיך רײַסנדיק, צונויפֿגעקליבן אַ מין ראַט;
און ער דערציילט, ווי זיך געפּאַקעוועט אין וועג
צום רוס, צו די באַרבאַרן, מיט טרערן און מיט שרעק;
דערשײַנט אַהער, וואָס דאָ ער זעט: נאַשבראַט
צו אים דאָ שענקט אַ ליבע אָן אַ סוף,
דאָ קלינגט זײַן היימישע נגינה,
אַ רוסיש וואָרט דערהערט ער ניט לסוף:
בײַ זיך אין פֿאָטערלאַנד ער איז, אין זײַן מדינה!
דו טוסט אויף אים אַ קוק אַ מאָל,
בײַ אונדז ער פֿילט זיך ווי אַ קיסר;
דער זעלבער פּוץ בײַ דאַמען דאָ. דאָס זעלבע קול...
צופֿרידן בלײַבט דער גאַסט, און מיר – אַ שטראָף אַ גרויסע.
געוואָרן שטום. די פּנימער זיך גלײַך פֿאַרקרימט,
אַ זיפֿץ, אַ קרעכץ פֿון אַלע זײַטן;
אַך! פֿראַנקרײַך! ס'איז אַ קאַנט ניט צו פֿאַרבײַטן!
פּרינצעסעס צוויי האָבן באַשטימט,
מע חזרט איבער דאָס, וואָס פֿון פֿאַרצײַטן
געהערט האָט מען פֿון לײַטן.
וווהין –
פֿון די פּרינצעסעס טוט מען זיך אַהין!
זיי ווונטשן שטילע כ'האָב געשיקט פֿון ווײַטן,
נאָר אויף אַ קול, פֿאַרטיליקט זאָל גאָט דעם גײַסט
פֿון פּוסטן קנעכטישן, דעם נאָכמאַכן דעם בלינדן;
אין דעם, ווער האָט אַ זעל, עס ווײַזט
זאָל ער אַ האַרץ דאָס פֿײַערדיקע צינדן,
אַז קאָנען זאָל ער מיט אַ בײַשפּיל, מיט אַ וואָרט
צי מיט אַן עצה –
אונדז אײַנצוהאַלטן מיט אַ שטײַפֿער לייצע,
אַז קרעכצן נאָך אַ פֿרעמדן לאַנד זאָל זײַן פֿאַרשפּאַרט...

זאָל מען מיך רופֿן אַפּיקורס,
נאָר ס'דוכט, אַז הונדערטער עבֿירות
פֿאַרשאַפֿן האָט מײַן לאַנד פֿון יענער צײַט,
ווען אַלץ אויף ס'נײַ געמאַכט אַ בײַט:
די הייליקע מינהגים,
די שפּראַך, די בגדים
אין הפֿקר אַלץ אַוועק:
פֿון הינטן איז אַן עק,
אַ מאָדנער אויסשניט פֿאָרנט, ווי פֿון חוזק וועגן,
דערווידער דעם פֿאַרשטאַנד, דער וועלט־סטיכיי אַנטקעגן;
געגאָלטע גראָע בערד,
פּונקט ווי בײַ לצים, דוכט זיך!
די קליידער, ווי די האָר, דער שׂכל איז אַ קורצער!
אויב אונדז איז שוין באַשערט
בײַ לײַטן צו פֿאַרנעמען,
איז בײַ כינעזער זייער קלוגשאַפֿט נעמען;
זיי ווייסן ניט, וואָס פֿון אַן אויסלענדער מיינט דער טײַטש.
אַ סוף זאָל זײַן צום פּויזען!
אַז אונדזער פֿאָלק דער חכם, נאָכן אויסזען
זאָל מיך ניט האַלטן פֿאַר אַ דײַטש.
„נו, מע קאָן דען שטעלן אין אַ פּאַראַלעל
דאָס אייראָפּעיִשע מיט דעם נאַציאָנאַלן!
ווי זעצט מען איבער כאָטש מאַדאַם און מאַדמואַזעל?
צי דען סודאַריניאַ, ר'וועט זאָגן!" –
האָט איינער זיך גענומען קלאָגן...
איז שטעלט אײַך פֿאָר, דאָ אַלע האָבן זיך צעלאַכט,
און אַ צעדרייטן גאָר פֿון מיר געמאַכט.
„סודאַריניאַ? כאַ! כאַ! כאַ! עס כאַפּט דער מאָגן!
סודאַריניאַ? כאַ! כאַ! כאַ! ניט צו דערטראָגן!!!"
דאָס לעבן שילטנדיק, צעבייזערט זיך – אַ שרעק,
געוואָלט זיי ענטפֿערן מיט פֿײַער,
נאָר אַלע זײַנען גיך פֿון מיר אַוועק.
אַ צופֿאַל אָט מיט מיר, און ער איז ניט קיין נײַער,
אין גאַנץ ראַסיי, אין פּעטערבורג, אין מאָסקווע דאָ,
אַ מענטש פֿון שטאָט באָרדאָ
האָט אַזאַ מזלדיקן חלק –
ער עפֿנט נאָר דאָס מויל, ווערט באַלד ער בײַ פּרינצעסעס הייליק;

אין גאַנץ ראַסיי, אַן אויסלענדער ווער ט'פֿײַנט,
ווער ניט קיין גוטער פֿרײַנד
די מאָדעס מיט די ווערטעלעך צעדרייטע,
בײַ װעמען האָבן זיך דרײַ, פֿיר
געדאַנקען זאַכלעכע פֿאַרפֿירט,
אויב ער איז ניט קיין שוטה,
און ער ט'זיי וואַגן מעלדן אויף אַ קול,
אַז מיט אַ מאָל...

קוקט זיך אַרום, אַלע דרייען זיך אין אַ וואַלס מיט גרויס התמדה.
די אַלטינקע זײַנען זיך צעגאַנגען, געלאָזט צו די קאָרטן־טישלעך.

פֿערטער אַקט

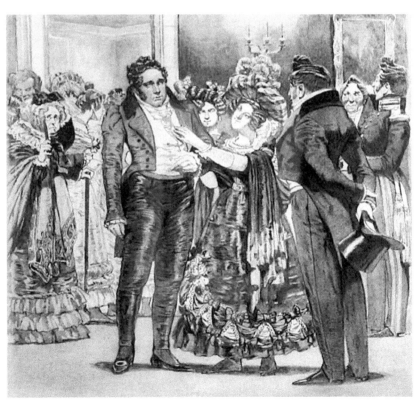

בײַ פֿאַמוסאָוון אין הויז. ברייטע טרעפּ פֿירן פֿונעם גרויסן אויפֿנעם־צימער
צו דער צווייטער וווינונג, צו וועלכער ס'קומען צו אַ סך זײַטיקע טרעפּ
פֿון די אַנטרעסאָלן. אונטן רעכטס פֿירט דער אַרויסגאַנג צום גאַנעק.
לינקס – געפֿינט זיך מאָלטשאַלינס צימער. נאַכט. אַ שוואַכע שײַן.
די לאַקייען – ווער עס דרייט זיך אַרום, ווער עס שלאָפֿט,
וואַרטנדיק אויף זייערע באַלעבאַטים.

אויפֿטריט 1

גראַפֿיניע־באָבע, גראַפֿיניע־אייניקל, דער ערשטער גייט זייער לאַקיי.

לאַקיי

גראַפֿיניע כריומינעס קאַרעטע.

גראַפֿיניע־אייניקל

(כּל־זמן מע טוט זי אָן)

אײַ פֿאַמוסאָוו, אײַ געסט האָט ער פֿאַרבעטן!
אַ באַל! סטראַשידלעס סאַראַ סאָרט,
ניט צו אַ טאַנץ טאָן, און ניט אַרויסריידן קיין וואָרט!

גראַפֿיניע־באָבע

נו לאָמיר פֿאָרן, ליפּע, – ס'פּרענט מיר יעדער אייפּער.
כ'וועל טרעפֿן עס איז פֿון פֿאַל און גלײַך אין קייפּער.

ביידע פֿאָרן אַוועק.

אויפֿטריט 2

פּלאַטאָן מיכײַלאָוויטש און נאַטאַליאַ דמיטראָוונאַ.
איין לאַקיי דרייט זיך אַרום זיי, דער צווייטער בײַם אַרײַנגאַנג שרײַט:
אַהער ברענגט פֿירן די קאַרעטע.

נאַטאַליאַ דמיטראָוונאַ

נו, מײַן האַרץ,
פּלאַטאָש, מײַן אומשעצבאַרער, לעבן מײַנס, מײַן מלאך,
פֿאַר וואָס דײַן אויסזען אַזוי שוואַרץ?
(קושט דעם מאַן אין שטערן.)
זאָג גלײַך, בײַ פֿאַמוסאָוון געוועזן איז פֿרייליך.

פֿלאַטאָן מיכײַלאָוויטש
נאַטאַשאַ־קרוין, אויף בעלער דרעמל איך אַ סך,
זיי ליגן ניט אין זינען,
נאָר דיר איך ווער זיך ניט, כ'בין דײַנער אַ באַדינער,
אַ נאַכט כ'שטיי אויף דער וואַך,
אָפּט מאָל: געפֿעלט צי ניט געפֿעלן,
נאָר דיך כּדי צופֿרידן שטעלן
לויטן באַפֿעל, אַ טענצל מוז איך גיין.

נאַטאַליאַ דמיטראָוונאַ
דו מאַכסט זיך און דו מיינסט, אַז דאָס איז שיין;
גרויס דער פֿאַרלאַנג אַ יונגן זיך באַגראָבן.
(גייט אַוועק מיטן לאַקיי.)

פֿלאַטאָן מיכײַלאָוויטש
(קאַלטבלוטיק)
דער באַל אַליין איז גאָר ניט שלעכט,
ס'איז ביטער נאָר צו זײַן אַ קנעכט.
ווער נויט אונדז חתונה צו האָבן!
באַשערט איז וועמען שוין אַזוי...

לאַקיי
(פֿון גאַנעק)
אין קאָטש די פּריצטע, בייז זיי זײַנען.

פֿלאַטאָן מיכײַלאָוויטש
כ'גיי, איך גיי.
(פֿאָרט אַוועק.)

אויפֿטריט 3

טשאַצקי און דער לאַקיי פֿון פֿאָרויס.

טשאַצקי
שרײַ גיך מע זאָל דערלאַנגען.
דער לאַקיי גייט אַוועק.
נו אָט דער טאָג פֿאַרגאַנגען,

אַראָפּ מיט אים איז אויך
מיראַזש דער גאַנצער, דער טשאַד, דער רויך
פֿון האָפֿענונג, מיט וועלכער פֿול דאָס האַרץ ס'געווען.
אויף וואָס האָב איך געוואַרט,
וואָס דאָ געפֿינען זיך געגאַרט?
פֿון וואָס געמאַכט אַ גאַנצן ווזן?
ווו זײַנען זיי
די לוסטיקייט פֿון דער באַגעגונג! דער געשריי!
דאָס האַלדזן זיך! די הייסע ווערטער! –
אַלץ אַ געלעכטער:
אַזוי אַ מאָל אין וועג
שטיל זיצסטו זיך אין וועגל. ס'פֿליט פֿאַרבײַ דער שטעג,
כל־זמן דורך פֿעלדער פֿאָרן וועסטו,
פֿאָרויס כאָטש עפּעס זעסטו;
ס'איז קלאָר אַרום, און בלאָ,
און אַלערלייִיק פֿאַר די אויגן;
פֿאָרסטו אַזוי אַ שעה, און צוויי, אַ גאַנצן טאָג.
אָט צו אַן אָפּרו לעבעדיק דערפֿלויגן,
אַ נאַכטלעגער: דער סטעפּ אַרום איז ברייט,
אין וואָסער זײַט דו'סט זיך ניט קערן,
אַרום די זעלבע גלאַטקייט, פֿינצטער, פּוסט און טויט.
ס'ווערט מוטנע אויפֿן האַרץ, וואָס מער דו הייבסט אָן קלערן.
דער לאַקיי קערט זיך אום.
נו, פֿאַרטיק שוין?

לאַקיי
דעם קוטשער, זעט איר, איז ניטאָ.

טשאַצקי
גיי זוך אים אָפּ, אונדז ניט צו נעכטיקן אָט דאָ.
לאַקיי גייט ווידער אַוועק.

אויפֿטריט 4

טשאַצקי, רעפּעטילאָוו
(לויפֿט אַרײַן פֿון גאַנעק, בײַם סאַמע אַרײַנגאַנג פֿאַלט און גיך ברענגט זיך אין אָרדענונג.)

רעפּעטילאָוו
טפֿו! אַרײַנגעפּאַקט זיך, אָבער גלײַך פֿאַרשטאַנען!
לאָז דורכרײַבן מיר די אויגן; אָ, ברודערקע, פֿון וואַנען?
מײַן פֿרײַנד! געטרײַער פֿרײַנד! **Mon cher**!
דער, ווער ס'פֿלעגט מיך אויסלאַכן אין פּנים –
אַן אָבערגלויבער כ'בין, אויף אַלץ בײַ מיר סימנים,
אַ פֿאָרגעפֿילן און פּלאַפּלערײַ; איצט כ'בעט דערקלער,
פּונקט ווי געוווּסט, אַהער געפֿלויגן,
דעם פֿוס פֿאַרטשעפּעט אָן דעם שוועל,
אין גאַנצן וווּקס זיך אויסגעצויגן.
דו ווילסט, איז פֿון מיר קוועל,
אַז רעפּעטילאָוו לײַגט, ער איז אַ מענטש אַ פּראָסטער,
נאָר כ'האָב צו דיר אַ שוואַכקייט, אַ מין קרענק,
אַ ליבע אַ מין סאָרט. דו פֿאַרגעדענק,
אַז נאָך אַ פֿרײַנד אַזאַ צי ערגעץ האָסטו,
אַזאַ געטרײַען, אויף מײַן ערן וואָרט:
אָן ווײַב און קינדער זאָל איך בלײַבן,
פֿון אומעטום זאָל מען מיך טרײַבן,
דאָ אויסגיין זאָל איך אויפֿן אָרט,
זאָל גאָט מיר שטרענג באַצאָלן...

טשאַצקי
גענוג שוין נאַרישקייט צו מאָלן.

רעפּעטילאָוו
ניט ליבסטו מיך, **mon cher**,
ניט קיין עבֿירה.
מיט לײַטן נאָך אַהין־אַהער,
מיט איר צו ריידן האָב איך מורא,
איך בין אַ נאַר, אַ קלאָג, אַ גאָרנישט, און בילדונג פֿעלט...

טשאַצקי
אָט מאָדנע נידעריק זיך שטעלט!

רעפּעטילאָוו
שעלט! שעלט! איך שילט דעם טאָג פֿון מײַן געבאָרן,
ווען כ'טו אַ טראַכט, די צײַט אויף וואָס איך האָב פֿאַרלאָרן!
זאָג, וויפֿל איז די צײַט?

טשאַצקי
שוין צײַט אַהיים צו פֿאָרן;
דערשײַנט אויב אויפֿן באַל, איז קער צוריק.

רעפּעטילאָוו
אָט נאָך –
וואָס באַל! אין עטיקעט זיך אײַנצושפּאַנען,
ניט צו דערלייזן זיך פֿון יאָך.
האָסטו געלייענט, ס'אַ בוך פֿאַראַנען...

טשאַצקי
האָסטו געלייענט עס? אָט אַן אויפֿגאַבע פֿאַר מיר,
צי רעפּעטילאָוו גאָר זײַט איר?

רעפּעטילאָוו
פֿאַרדינט איך האָב דעם נאָמען, פֿרײַנד געטרײַער,
כאָטש רוף מיך אָן וואַנדאַל.
וואָס פֿאַראַ פּוסטע לײַט זײַנען געווען מיר, טײַער!
אַליין געיאָגט זיך נאָך אַ וואַרמעס, נאָך אַ באַל!
גענאַרט דאָס ווײַב! פֿאַרגעסן אין די קינדער!
אַן אויג צו האַלטן אויף מיר האָט מען געגרינדעט!
געשפּילט! פֿאַרשפּילן פֿלעג איך אָן אַ צאָל.
אַ טענצערין געהאַלטן! ניין, דרײַ און אַלע מיט אַ מאָל!
פֿון כּוס געצויגן! ניט געוואָלט פֿון קיין זאַך וויסן:
פֿון גלויבן! פֿון געזעצן! פֿון געוויסן!

טשאַצקי
הער אויס, דו לײַג, נאָר מיט אַ מאָס!
פֿאַראַן געפֿאַלן זײַן פֿון וואָס!

רעפּעטילאָוו
דו גראַטוליר מיך, כ'קען זיך שוין מיט מענטשן קלוגע.

שווין אויס משוגע;
כ'פֿלי ניט אַרום מער גאַנצע נעכט.

טשאַצקי
צום בײַשפּיל הײַנט?

רעפּעטילאָוו
נו וואָס איין נאַכט, אָט נאָך אַ וועזן.
טו מיך אַ פֿרעג, ווו כ'בין געוועזן?

טשאַצקי
כ'האָב זיך אַליין דערקלערט,
אין קלוב, אַוודאי?

רעפּעטילאָוו
אין ענגלישן, און אויף אַ טומלדיקער זיצונג גראַדע,
נאָר דו וועסט שווײַגן, גיב אַ האַנט,
כ'האָב שווײַגן צוגעזאָגט. אויב אָפֿן רעדן,
פֿאַרזאַמלונגען געהיימע בײַ אונדז דינסטיק יעדן.
דאָרט אַ געזעלשאַפֿט, אַ פֿאַרבאָרגענער פֿאַרבאַנד...

טשאַצקי
איך שרעק זיך, אוי! אין קלוב?

רעפּעטילאָוו
אָט דווקא.

טשאַצקי
גאָט אַן עדות,
אַז טרײַבן דאַרף מען אײַך צוזאַמען מיט די סודות.

רעפּעטילאָוו
אומזיסט אַ שרעק דיך נעמט,
מיר ריידן אויף אַ קול, אויב עפּעס ווער באַנעמט.
אָט איך אַליין, אַז וועגן קאַמערן, פּריסיאַזשנע,
און וועגן בײַראָנען, וועגן מאַטעריעס וואַזשנע
דאָרט כאַפּט מען זיך צונויף מיט היץ,

איז אָן אַ מויל איך זיץ:
ס'איז אַלץ ניט נאָך מײַן כּוח.
איך פֿיל, מײַן פֿרײַנד, אַז ס'איז פֿאַרשטאָפּט דער מוח,
אַז עפּעס פֿעלט.
אַך, אַלעקסאַנדר אַנדרייִטש, דיר וואָלט דאָרט געפֿעלט.
ווילסט מיר פֿאַרשאַפֿן פֿרייד ניט ווינציק,
לאָמיר אַ לאָז טאָן זיך אַהינצו:
דאָך דאָ אויף רעדער זײַנען מיר,
און מענטשן, וועלכע וועל איך דיר,
Mon cher, באַווײַזן דאָרט אינגיכן:
דער זאַפֿט פֿון קלוגסטער יוגנט, ניט צו מיר געגליכן.

טשאַצקי

ניין, גאָט מיט אײַך, וווהין זיך לאָזן אַזוי שפּעט?
צו וואָס? איך וויל אַהיים, אין בעט.

רעפּעטילאָוו

הער אויף! נו ווער איצט שלאָפֿט? דיר וועט ניט פֿאַרשאַטן
צו זען אַ ביסל גוטס...
אַנטשלאָסן זײַ... בײַ אונדז... אַנטשלאָסענע דאָרט יאַטן,
פֿלאַמפֿײַערדיקע קעפּ אַ טוץ!
מיר שרײַען, הונדערט שטימען קאָן מען הערן!..

טשאַצקי

וואָס נעמט אײַך דאָרט פֿאַר אַ שוואַרץ־יאָר?

רעפּעטילאָוו

מיר טומלען, ברודערל, מיר טומלען...

טשאַצקי

איר טומלט נאָר?
און גאָר?

רעפּעטילאָוו

ניט דאָ איז צו דערקלערן... אַן אַנדערש מאָל,
ס'איז דאָך אַ מלוכה־ענין;
פֿאַרשטייסטו מיך: ניט פֿאַרטיק נאָך דער בנין:

מע קאָן דאָך פּלוצעם ניט אַלץ טאָן.
וואָס פֿאַראַ מענטשן! לאַנגע רייד אונדז צו פֿאַרשפּאָרן,
דער ערשטער איז דער פֿירשט גריגאָרי!
מיר פּלאַצן פֿאַר געלעכטער! אָט אַ מין פֿאַרשווין!
אייביק מיט ענגלענדער, אַן ענגלענדער אַליין!
שפּרעכט דורך די ציין, אין ענגלישע געקליידט אין קליידער,
און קורץ געשאָרן – עס זאָל זײַן דער גאַנצער סדר.
ביסט ניט באַקאַנט? מוזסטו באַקענען זיך מיט אים.
דער צווייטער איז וואָרקולאָוו יעוודאָקים.
האָסטו געהערט זײַן זינגען? ניין? וואָס פֿאַראַ לידער!
דערהויפּט איז וווּנדערבאַר אָט דאָ:
„אַ, נאָן לאַשיאַר מי, נאָ, נאָ, נאָ"[19].
לעוואָן און באָרינקע, פֿאַראַן נאָך אַ פּאָר ברידער.
אַנטיקלעך יאַטן צוויי!
איך ווייס ניט, וואָס צו זאָגן וועגן זיי;
אַ זשעני אָבער, ווען אַ גרויסן
איר וועט אָנצורופֿן הייסן,
איז נאַט – אודושיעוו איפּאָליט!
האָסטו געלייענט עפּעס פֿון זײַנס צי ניט?
כאָטש עפּעס? ניין? אַ האָר ניט?
ער שרײַבט דאָך טאַקע גאָרניט;
אָט צו דערלאַנגען וועמען שמיץ
און נאָכריידן מיט היץ:
„מוזסט שרײַבן, שרײַבן, שרײַבן!"
נאָר צו אַן אויסצוג אין אַ בלאַט זיך צו דערקלײַבן,
אַ קוק טאָן עטוואָס, האַ? אין וואָס? אין אַלץ!
אַלץ ווייסט ער, אים מיר פֿיטערן אויף שמאַלץ
אויף שוואַרצע טעג. אַ מענטש מיט אַזאַ דעה
ניטאָ אין גאַנץ ראַסייע.
אויפֿן געזיכט סע שפּילט,
מע דאַרף שוין ניט קיין בילד:
אַ יאַט אַ כוואַטקער,
אַ דועליאַנט,
פֿאַרשיקט געוואָרן אויף קאַמטשאַטקע[20],
און ווו ס'ליגט שלעכט, דאָרט איז זײַן האַנט;
אַ מענטש, וואָס האָט אַ דעה,
מוז זיכער זײַן אַ דרייער.

נאָר אַז פֿון הויכער ערלעבקייט ער רעדט,
איז פּונקט סע זיצט אין אים אַ שד;
אין בלוט די אויגן, זײַנע באַקן פֿלאַמען,
ער קלאָגט אַליין און מיר מיט אים צוזאַמען.
אָט מענטשן ווו! נאָך דאָ אַזעלכע? ניין!
געוויינטלעך, צווישן זיי בין איך געמיין.
פֿויל, אָפּגעשטאַנען, אויב אַ טראַכט טאָן, איז איך בליץ ניט!
נאָר גיב איך יאָ אַמאָל אַ שוויץ:
קיין שעה איך זיץ ניט,
שיסט אומגעריכט אַרויס מײַן קעפּעלע אַ וויץ.
לײַט תּיכּף הייבן אָן פֿון מיר דעם אײַנפֿאַל שלעפּן,
און זאַלבע זעקסט אַ וואָדעווילטשיק קלעפּן,
זעקס אַנדערע מוזיק פֿאַר אים מע גרייט,
די איבעריקע פּאַטשן „בראַוואָ" זײַנען גרייט.
לאַך, ברודער, וואָס אַן אמת איז אַן אמת:
מיר פֿעיִקייטן האָט גאָט געשענקט אַ קנאַפּן טייל,
געגעבן אַ גוט האַרץ: דורך דעם כ'בין מענטשן וויל.
כ'לײַג אָן – פֿאַרגינט מען...

לאַקיי

(בײַם אַרײַנגאַנג)

סקאַלאָזובס קאַרעטע.

רעפּעטילאָוו

ווּעמענס?

אויפֿטריט 5

די זעלבע און סקאַלאָזוב, לאָזט זיך אַראָפּ פֿון די טרעפּ.

רעפּעטילאָוו

אַך, סקאַלאָזוב! מײַן האַרץ, ווּוהין זשע, שטיי.

(פֿאַלט אים אויפֿן האַלדז)

טשאַצקי

ווּו טוט מען זיך אַהין פֿון זיי!

(גייט אַרײַן אין שווייצאַרס צימער)

רעפּעטילאָוו
(צו סקאַלאָזובן)
שטיל וועגן דיר דער קלאַנג געוואָרן;
געזאָגט האָט מען, אַז אין פּאָלק ביסט אָפּגעפֿאָרן.
באַקאַנט זײַט איר?
(זוכט טשאַצקין מיט די אויגן.)
אַן עקשן! שוין אַנטלויפֿן.
אַ דאגה, אַבי כ׳האָב דיך געטראָפֿן.
איצט אָן תּירוצים, כ׳בעט מיט מיר
צום פֿירשט גריגאָרי גיין.
ס׳איז דאָך אַ סבֿרא,
אַז דאָרט אַ מענטשן פֿערציק איצט,
און חכמה – מע דערעסט ניט, כאָטש אַ נאַכט מע זיצט,
מע ט׳ערשטנס, מיט שאַמפּאַניער אָנפּאָיען ביז שיכּור,
נאָר וואָס דער עיקר,
דערנאָך דערהערן וועט מען זאַכן, וואָס ביידע מיר
װעלן געװײנטלעך שוין ניט אויסטראַכטן מיט דיר.

סקאַלאָזוב
באַפֿרײַ פֿון לערע מיך, כ׳בין שוין אַן אָנגעפֿילטער:
גיי לויף,
רוף אַנדערע צונויף;
און טאָמער ווילט איר,
וועל איך אָנשטאָט וואָלטער
אײַך מײַן פֿעלדפֿעבעל צושיקן אַהער.
אין שורות דרײַ ער׳ט אײַך צעשטעלן
און פּרוּווט אַ פּיפּס טאָן, וועט אײַך מער ניט פֿעלן.

רעפּעטילאָוו
דער דינסט אַלץ אין געדאַנק! **Mon cher**,
דו קוק אַהער;
אין טשינען קריכן וואָלט איך אויך פֿאַרלאַנגען:
כ׳האָב אויך געדינט, נאָר מיר איז ניט געגאַנגען,
גיי, פּרוּוו און קריך,
ס׳איז מאַלע וואָס עס ווילט זיך!
באַראָן פֿאָן קלאָץ אין מיניסטאָרן דאַן געצילט זיך,
און זײַן בײַ אים אַן איידעם געצילט האָב איך זיך.

געגאַנגען גלײַך מיט סאַמע גלײַכסטע וועגן:
אין רעווערסי מיט אים געלאָזן זיך שפּילן,
אַרום זײַן ווײַב געדרייט זיך ווי צען מילן,
אויף אים, אויף איר, געפּטרט אַ פֿאַרמעגן!
ער אויף פֿאָנטאַנקע[21] דאָן געוווינט,
איך נעבן כ'האָב אַ שטוב געבויט –
אַ מוראדיקע, מיט קאָלאָנעס!
ס'האָט אָפּגעקאָסט אַ וועלט
מיט געלט!
צום סוף, האָט גאָט געהאַט רחמנות,
איך בין באַווײַבט. גענומען נדן... וויפֿל? בעסער שווײַגן!
און אויף דער שטעלע אויך צוויי פֿײַגן!
דער שווער אַ דײַטש, איז וואָס? ווו שטעקט דער פֿינגער?
ער פֿאַראַ פֿאָרוווּרף מורא, זעסט, געהאַט
אין צו פֿיל שוואַכקייט צו זײַן צד!
געשראָקן זיך, כאַפּט אים דער טײַוול, איז מיר דען גרינגער?
די סעקרעטאַרן זײַנע, זעסט,
קליינמענטשעלעך און טינטערס, אַלע כאַמען,
מע קאָן זיי קויפֿן אַלעמען צוזאַמען,
און אַלע גרויסע פּריצים יעצט!
אין אַדרעס־קאַלענדאַר דו טו אַ לייען.
טפֿו! טשינען, שטעלעס, דינסט, צום גאָרגל זיי דערגייען:
לאָכמאָטיעוו אַלעקסיי, גערעכט איז טאַקע ער,
רפֿואות דאַרף מען גיך. דער מאָגן קאָכט ניט מער.

(פֿאַרהאַלט זיך, דערזעענדיק, אַז זאַגאָרעצקי האָט פֿאַרנומען סקאַלאָזובס אָרט, וועלכער איז דערווײַל אַוועקגעפֿאָרן.)

אויפֿטריט 6

רעפּעטילאָוו, זאַגאָרעצקי

זאַגאָרעצקי

רעדט, רעדט, אַנטשוויגן וואָס געוואָרן,
ווי איר בין איך אַ מוראדיקער ליבעראַל!
און ווײַל איך דריק זיך אויס נאָר אָפֿן איבעראַל,
אײַ, אײַ ווי היפּש איך האָב שוין פֿאַרלאָרן.

רעפּעטילאָוו
(מיט פֿאַרדראָס)
צעלאָפֿן זיך – אָט איינער דאָ,
דו טוסט אַ קוק – דער צווייטער שוין ניטאָ.
אַנטרונען טשאַצקי, זיך אַפֿילו ניט געזעגנט;
נאָך אים אויך סקאַלאָזוב, אָט נאָך אַ צער...

זאַגאָרעצקי
ווי האַלט איר וועגן טשאַצקין?

רעפּעטילאָוו
ניט קיין נאַר,
נאָר וואָס מיט אים זיך דאָ באַגעגנט,
פֿון אָך און עך,
און פֿון אַ וואָדעוויל אַ זאַבלעבער געשפּרעך.
אַ וואָדעוויל ס'אַ יש, – דאָס איבעריקס איז זאַבן פּוסטע,
בײַ מיר... בײַ אים... בײַ אונדז איז איינע און די זעלבע גוסטן.

זאַגאָרעצקי
באַמערקט אָבער צי איר'ט,
אַז פֿעסט פֿון זין איז ער גערירט?

רעפּעטילאָוו
וואָס פֿאַראַ אַן אומזין?

זאַגאָרעצקי
כ'קאָן אײַך שווערן.

רעפּעטילאָוו
ניטאָ דאָ וואָס צו הערן?

זאַגאָרעצקי
די גאַנצע וועלט שוין רעדט.

רעפּעטילאָוו
עט!

זאַגאָרעצקי
מע טענהט אין איין ניגון.

רעפּעטילאָוו
ס'אַ ליגן.

זאַגאָרעצקי
נו שאַ! אָט גייט דער פֿירשט אַליין.
די פֿירשטין מיט די טעכטער.

רעפּעטילאָוו
ס'איז אַ געלעכטער.

אויפֿטריט 7

רעפּעטילאָוו, זאַגאָרעצקי, דער פֿירשט מיט דער פֿירשטין, מיט זעקס טעכטער,
אַ ווײַלע שפּעטער כליאָסטאָוואַ לאָזט זיך אַראָפּ פֿון די פּאַראַדנע טרעפּ,
מאָלטשאַלין פֿירט זי אונטער דער האַנט, די לאַקייען האַווען.

זאַגאָרעצקי
זײַט אַזוי גוט, איר פֿירשטנטעס, זאָגט ווי אײַער מיין,
משוגע טשאַצקי איז צי ניין?

1טע פֿירשטין
וואָס פֿאַראַ נײַעס?

2טע פֿירשטין
די גאַנצע וועלט האָט אים באַקלאָגט.

3טע פֿירשטין
מע זאָגט...

4טע פֿירשטין
אין אים איז ווילדער משוגעת.

5טע פֿירשטין
אַך, אַלטע גרוסן ווּעמען איז דאָס נײַ?

6טע פֿירשטין
ווער צווייפֿלט?

זאַגאָרעצקי
ער.

אַלע צוזאַמען
(צו רעפּעטילאָוון)
איר? אײַ! אײַ! אײַ!
מסיע רעפּעטילאָוו! וואָס איר טראַכט זיך!
אַנטקעגן אַלעמען אַליין!
מסיע רעפּעטילאָוו! גוט באַטראַכט זיך!
ס'איז אַ בושה! ס'איז ניט שיין!

רעפּעטילאָוו
(פֿאַרשטעלט זיך די אויערן)
פּאַרדאָן, איך זאָג אײַך ערלעך:
כ'האָב ניט געוווּסט, אַז קלינגט שוין אַזאַ קלאַנג.

פֿירשטין
דאָס הייסט אַ קלאַנג? מיט אים צו ריידן איז געפֿערלעך –
פֿאַרשפּאַרן צײַט אים לאַנג.
אַ הער טאָן אים, איז זײַן שפּיץ־פֿינגער
פֿיל קליגער פֿונעם פֿירשט אַליין!
איך מיין,
אַז ער איז גאָר אַ יאַקאָבינער[22],
דער טשאַצקי אײַער! נו אַראָפּ פֿון הויף.
פֿירשט, נעם זיזי, מיר פֿאָרן אין דער קאָטש דער גרויסער.

כליאָסטאָוואַ
(פֿון די טרעפּ)
שטייט, פֿירשטין, אײַער קאָרטן־חובֿ?

פֿירשטין
פֿאַרשרײַבט.

אַלע

אַדיע.

דעם פֿירשטס פֿאַמיליע פֿאָרט אַוועק און זאַגאָרעצקי אויך.

אויפֿטריט 8

רעפּעטילאָוו, כליאָסטאָווא, מאָלטשאַלין.

רעפּעטילאָוו

אַך! הימל־קיסר!
אַנפֿיסאַ נילאָוונאַ! אַך, טשאַצקי, נעבעך, אָט!
אָט איַיך דעם גרויסן גײַסט און אומרו ווער עס האָט!
זאָגט, אויף דער וועלט צו וואָס מיר האַוועןו!

כליאָסטאָוואַ

פֿון גאָט באַשערט, כאָטש אים אַ הייל טאָן נאָר מע דאַרף,
פֿיל לײַכט וועט ער זיך פֿאָרט פֿאָפּראַווען;
און דו ביסט אומהיילבאַר, כאָטש וואַרף.
געקומען צו דער צײַט! מאָלטשאַלין, אָט דײַן קלייטל,
מע דאַרף ניט קיין באַגלייטונג.
קאָנסט גיין. אַ טירחה זיך פֿאַרשפּאָר.
מאָלטשאַלין גייט אַוועק צו זיך אין צימער.
אַ גוטן, טײַערער. שוין צײַט צו ווערן קלאָר.
(פֿאָרט אַוועק)

אויפֿטריט 9

רעפּעטילאָוו מיט זײַן לאַקיי.

רעפּעטילאָוו

ווּוהין זיך איצט צו לאָזן?
ווּ האַלט מען איצט דעם וועג?
די נאַכט איז שוין אַוועק.
קום פֿיר, אַבי שוין אָן קוריאָזן.
(פֿאָרט אַוועק.)

אויפֿטריט 10

דער לעצטער לאָמפּ ווערט פֿאַרלאָשן.

טשאַצקי

(גייט אַרויס פֿון שווייצאַרס צימער)

וואָס איז? וואָס האָט מען דאָ גערעדט!
ס'איז בייזקייט דײַטלעך דאָ, ניט קיין געשפּעט,
דורך וועלכן כּישוף, וועלכע נסים,
אין אומזין וועגן מיר דאָ אַלע מע צעשפּרייט!
ווער, דאַכט זיך, מיט אַ פֿרייד,
ווער כּלומרשט גרייט אַ טרער פֿאַרגיסן!
אָ! ווי פֿאַרשטיין, וואָס בײַ דעם מענטשן ליגט אין גרונט:
וואָס ערגער איז אין אים – די נשמה צי די צונג?
פֿון וואַנען קומט אַ בילבול אַזאַ ווילדער!
אַ שוטה איינער טוט אַ זאָג,
צעקלינגט מען תּיכּף אין אַ גלאָק.
די זקנות מאַכן אַ געפּילדער
און אָט
אַן עפֿנטלעכע מיינונג שוין איר האָט!
דאָס היימלאַנד אָט־אָ זעסטו...
אין איצטיקן מײַן אָנפֿאָר גיך, זע איך דערעסטו.
און סאָפֿיאַ? צי אויך זי ווייסט?
צי איר האָט מען דערציילט? וואָס הייסט!
זי ניט וואָס מיר צוליב אַ רעה
געהאַט הנאה.
און ס'איז אַן אמת, ניין, – קלאָר איז איינס,
ניט טײַער קיינער איר – אַלץ איינס...
אָבער דאָס חלשן וואָס האָט עס געוויזן?
אַ נערוו, צעלאָזנקייט, קאַפּריזן.
ס'איז אָט געלאַכט, און אָט געוויינט,
אַבי זיך שפּילן...
איך ערנסט האָב געמיינט,
אַ סימן ס'איז פֿון אמתע געפֿילן.
ס'הייבט זיך ניט אָן,
פֿאַרלירן דעם באַוווסטזײַן קאָן דאָס מיידל,
ווען ווער עס וואָלט אַ טראָט געטאָן
אַ הינטל צי אַ קעצל אויפֿן ווײַדל.

סאָפֿיאַ
(שטייט אויף די טרעפּ אויפֿן צווייטן שטאָק מיט אַ ליכט)
מאָלטשאַלין, איר?

טשאַצקי
זי! זי דאָרטן שטייט!
דאָס האַרץ אין מיר פֿאַרגייט,
דעם קערפּער שטעבן שפּיזן.
געוועזן! און איצט ניטאָ! דען האָט זיך מיר נאָר אויסגעוויזן?
צי ווירקלעך כ'בין פֿון זין אַראָפּ?
נאָר ניין, ס'איז ניט קיין זעונג. זיך אַליין כ'נאַר אָפּ:
מאָלטשאַלינען גערופֿן. אָט איז זײַן צימער.

לאַקיי
די קאַ...

טשאַצקי
ששאַ!..
(שטופּט אים אַרויס.)
זײַן כ'וועל הי.
ניט צומאַכן אַן אויג. כאָטש ביז אין דער פֿרי,
אויב אַנגסטן שוין צו ליידן,
איז מיט אַ מאָל,
איידער פֿאַרציִען אויף אַן אַנדערש מאָל.
מיטן פֿאַרציִעניש דעם אומגליק ווערסט ניט מײַדן.
עס עפֿנט זיך די טיר.
(באַהאַלט זיך הינטער אַ קאָלאָנע.)

אויפֿטריט 11

טשאַצקי (אַ באַהאַלטענער), ליזאַ מיט אַ ליכט.

ליזאַ
אַך!
אין פוסטן פֿאָרהויז! אַרײַן אין נאַכט!
קיין כּוחות איז ניטאָ! כ'האָב מורא שטאַרק פֿאַר שדים,

פֿאַר לעבעדיקע מענטשן אויך אַ שרעק.
די פֿײַנערקע די פֿרײַלין. ווען קומען וועט אַן עק
צו מײַנע לײַדן.
איר טשאַצקי ט'זיך באַוויזן ערגעץ דאָ!
אַ בעלמע אויפֿן אויג!
(קוקט זיך אַרום.)
ניט אַנדערש, יאָ!
אַ בעלן זייער
אין פֿאָרהויז בלאָנדזשען דאָ! שוין לאַנג הינטערן טויער,
די ליבע ווערט אויף מאָרגן אָפּגעלייגט.
אַהיים איז ער אַוועק, און שלאָפֿן זיך געלייגט,
נאָר צום געליבטן כ'מוז זיך שלעפּן.
(קלאַפּט צו מאָלטשאַלינען.)
שטייט אויף, די טיר מיר עפֿנט,
די פֿרײַלין וואַרט, די פֿרײַלין רופֿט,
פֿאַרכאַפּן זאָל מען ניט, מע דאַרף זיך אײַלן.

אויפֿטריט 12

טשאַצקי הינטער דער קאָלאָנע, ליזאַ, מאָלטשאַלין אַ פֿאַרשלאָפֿענער,
סאָפֿיאַ גנבֿעט זיך מיט אַ ליכט.

ליזאַ
איר אַ שטיק אײַז זײַט, הער, איר זײַט אַ שטיין.

מאָלטשאַלין
אַך, ליזאַנקאַ, געקומען ביסט פֿון זיך אַליין?

ליזאַ
ניין, פֿון דער פֿרײַלין.

מאָלטשאַלין
נו, ווער וואָלט עס דערפֿילט,
אַז אין די אייגעלעך און בעקלעך,
אַ פֿײַערל פֿון ליבע ט'ניט געשפּילט!
צו זײַן אַ שיקמיידל פֿאַר דיר איז שרעקלעך!

ליזאַ

און איר, דער כּלה־זוכער, יעצט
איר געגעצט ניט און פּאָפּט ניט;
ווי שיין און וויל ווער ניט דערעסט,
ווער ביז דער חתונה דערשלאָפּט ניט.

מאָלטשאַלין

ווו חתונה דו זעסט,
מיט וועמען?

ליזאַ

מיט דער פֿרײַלין.

מאָלטשאַלין

עט! נאָך ווײַט,
אַ האָפֿענונג פֿאַראַנען
אָן חתונות פֿאַרברענגען גוט די צײַט.

ליזאַ

וואָס רעדט איר?! און מיר נאָך גייען אויס פֿאַר מאַנען?

מאָלטשאַלין

איך ווייס ניט. און אין מיר עס קילט דאָס בלוט,
פֿון איין געדאַנק נאָר ווערט שוין מיר ניט גוט,
אַז פֿאַוועל אַפֿאַנאַסיטש ט׳ווען אונדז פּאַקן,
פֿאַרשליסןביידן און געבן מיר אין האַלדז־און־נאַקן!
נאָר וואָס?
דעם ריינעם אמת זאָגן:
נאָך סאָפֿיאַ פּאַוולאָווגאַן איך זאָל זיך יאָגן –
דאָ זע איך ניט נאָך וואָס.
זאָל גאָט איר געבן
אין רײַכקייט אָפּלעבן איר לעבן.
זי טשאַצקין ליב געהאַט אַמאָל,
אויך מיך פֿאַרגעסן וועט זי מיט אַ מאָל.
מײַן מלאכה, כאָטש אויף אַ העלפֿט כ׳וואָלט וועלן פֿילן
צו איר – צו דיר וואָס כ׳פֿיל;
זײַן הייס צו סאָפֿיאַן כ׳וויל
ווי נאָר איך זע זי, דאָס בלוט אין אָדערן מיר קילן.

סאָפֿיאַ
אַזאַ געמיינקייט!

טשאַצקי
לומפּ!

ליזאַ
ס'איז אײַך ניט מיאוס, זאָגט?

מאָלטשאַלין
דער פֿאָטער ט'מיר פֿאַרזאָגט,
אָן אויסנאַם נאָכצוגעבן אַלעמען כּסדר:
דעם ווירט, ווו אויף אַ וווינונג זיך געפֿינסט,
דעם שעף, ווו פֿאָרקומען ט'מײַן דינסט,
דעם קנעכט, וואָס רייניקט אים די קליידער,
דעם הויפֿער, דעם שווייצאַר, ניט וויסן כ'זאָל פֿון פּײַן,
דעם הויפֿערס הינטל ליבלעך זאָל ער זײַן.

ליזאַ
יאָ פּריץ, אַ משפּחה הענגט אויף אײַך אַ גרויסע!

מאָלטשאַלין
איז אָט איך מאַך זיך, אַז די ליבע איז אַ הייסע
צו איר, דער טאָכטער פֿון אַ מענטש...

ליזאַ
וואָס קאָרמעט אײַך און פּאָיעט, און מיט אַ טשין אַמאָל טיילט אָן.
נו קומט, געבריײַעט שוין צו פֿיל.

מאָלטשאַלין
קום, ליבע טיילן מיט מײַן וויסטער יפֿת־טואר.
זאָל כאָטש דיך אַרומנעמען, טיף אין האַרצן זיצסטו.
ליזאַ לאָזט זיך ניט
פֿאַר וואָס איז זי ניט דו?
(וויל גיין, סאָפֿיאַ לאָזט ניט)

סאָפֿיאַ
(כּמעט זי שעפּטשעט; די גאַנצע סצענע ווערט געשפּילט אויף האַלב־קול)
שטייט, גייט ניט ווײַטער.
שוין גוט דערקענט, וואָס פֿאַר אַ נפֿש זײַט איר,
פֿאַר זיך איך שעם זיך פֿאַר די ווענט.

מאָלטשאַלין
ווי... סאָפֿיאַ פּאַוולאָוונאַ?...

סאָפֿיאַ
קיין וואָרט מער רעדט ניט,
כ'בין גרייט אויף אַלץ, איר זעט ניט?
גענוג.

מאָלטשאַלין
(פֿאַלט אויף די קני. סאָפֿיאַ שטויסט אים אָפּ)
דערמאָנט זיך! בייזערט זיך ניט! טוט אַ קוק!

סאָפֿיאַ
כ'געדענק ניט גאָרנישט, מער דערעסט ניט בעסער,
דערמאָנונגען! זיי זײַנען ווי אַ שאַרפֿער מעסער.

מאָלטשאַלין
(פּויזעט אַרום אירע פֿיס)
דערבאַרעמט זיך.

סאָפֿיאַ
די נידעריקע געדנג הערט אויף,
שטייט אויף און ווערט אַנטשוויגן.
וואָס קענט איר זאָגן מיר דערויף?
אַ ליגן...

מאָלטשאַלין
זײַט אַזוי גוט, פֿאַרגיט...

סאָפֿיאַ
ניין, ניין און ניין!

מאָלטשאַלין

כ׳האָב נאָר געשפּאַסט, און ניט געזאָגט כ׳האָב גאָרניט, אויסער...

סאָפֿיאַ

שטייט אויף, זאָג איך, אַניט כ׳וועל גלײַך
אַ וועק טאָן אַלעמען מיט אַ געשריי אַ גרויסן,
אומגליקלעך מאַכן זיך און אײַך.
מאָלטשאַלין שטעלט זיך אויף די פּיס.
איך פֿון הײַנט, ווי ניט געפּרוווט, זאָל וועגן אײַך ניט קלערן.
כ׳האָב אײַער נאָמען ניט געהערט,
אויף מײַן געוויין און פֿאָרוווּרפֿן, אויף מײַנע טרערן
ניט וואַגט צו וואַרטן. איר זײַט זיי גאָרניט ווערט.
אָבער פֿון שטוב ביז קוים באַגינען
זאָלט איר ניט זײַן דאָ מער – אַנטרינען.

מאָלטשאַלין

ווי איר וועט הייסן...

סאָפֿיאַ

אויב ניט, דעם פֿאָטער זאָג איך אויס
אַלץ פֿון פֿאַרדראָס. דערפֿון וואָס ס׳וועט אַרויס,
מיך אַרט ניט.
איר ווייסט, אַז וועגן זיך איך טראַכט ניט.
גייט! – ניין, וואַרט,
צופֿרידן זײַט, וואָס אין דער שטילקייט בײַ דער נאַכט,
בעת די צוזאַמענקומען פֿון אונדז ביידן,
געהאַלטן האָט איר זיך נאָך מער באַשיידן
ווי ווען דער טאָג איז קלאָר,
ווי ווען פֿאַר לײַטן אויף דער וואָר.
בײַ אײַך אויך העזה ז׳ווינציקער ווי קריווקייט פֿון נשמה.
אַליין צופֿרידן כ׳בין, וואָס אַלץ דערוווּסט זיך כ׳האָב בײַ נאַכט;
קיין עדות האָט זיך ניט געמאַכט,
ווער נעמען זאָל פֿון מיר נקמה,
ווי פֿריִער, ווען געחלשט כ׳האָב, און בײַ דער זאַך
געווען ז׳דאָ טשאַצקי.

טשאַצקי
(טוט זיך אַ וואָרף צווישן זיי)
ער איז דאָ, צבֿועטשקע!

ליזאַ און סאָפֿיאַ
אַך! אַך!
ליזאַ פֿון שרעק פֿאַרלירט דאָס ליכטל, מאָלטשאַלין באַהאַלט זיך אין זײַן צימער.

אויפֿטריט 13

די זעלבע, אַ חוץ מאָלטשאַלינען

טשאַצקי
איז חלשט, איצט פֿאַסט, אַ וויכטיקערע סיבה,
ווי פֿריִער דאָ; דערצו
אָט וועמען צו אַן אָפּפֿער איר'ט געבראַכט מײַן ליבע!
די לייזונג פֿון דער רעטעניש איז ווו?
איך ווייס ניט ווי דעם גרימצאָרן פֿאַרהאַלטן!
געקוקט, געהערט, מער ניט געקענט דערהאַלטן!
און דער, פֿאַר וועמען אין דער לופֿטן איז אַוועק
אַן אַלטער פֿרײַנד, די פֿרויען־שאַנד און שרעק,
ער אין אַ זײַט איצט האַלט זיך?
הינטער דער טיר באַהאַלט זיך?
אַך, זאָגט, פֿאַרוואָס דער שיקזאַל אַזוי שפּילט:
ווער ס'האָט אַ האַרץ, דער אַלץ פֿאַרשילט!
נאָר די מאָלטשאַלינס בלײַבן גליקלעך!

סאָפֿיאַ
ניט לענגערט מער. איך זע, מײַן שולד איז גרויס...
אַז ער איז פֿאַלש, ווער האָט געקאָנט גאָר טראַכטן.

ליזאַ
מע קלאַפּט! מע רוישט! עס פֿליט אַהער דאָס גאַנצע הויז.
דער טאַטינקע, פֿון אים וואָס איצטער וואַרטן.

אויפֿטריט 14

טשאַצקי, סאָפֿיאַ, ליזאַ, פֿאַמוסאָוו און די באַדינערס מיט ליכט.

פֿאַמוסאָוו
אַהערצו גיכער! גיך אַהער!
לאַמטערנס שלעפּט, און ליכט וואָס מער!
ווּ זײַנען שדים? שאַ! אַלץ פֿנימער באַקאַנטע!
די טאָכטער, סאָפֿיאַ פּאַווּלאָוונאַ! ווּ איז דײַן שאַנדע!
זאָל פֿעלן כאָטש אַ האָר,
זי מיט מײַן פֿרוי דער אָפּגעשטאָרבענער אַ פּאָר.
ס'פֿלעגט טרעפֿן צווישן אונדז אַזוינס, אַז עפּעס טאַנצט ניט –
שוין ערגעץ מיט אַ מאַנצביל!
פֿאַר גאָט האָט מורא! ס'טײַטש! מיט וועמען! ווּ!
פֿאַר וואָס דערלאָזט זיך צו פֿאַרפֿירן?
ער איז משוגע דאָך, געזאָגט האָסטו!
איך האָב דעם קאָפּ געמוזט פֿאַרלירן!
ס'אַ אָפּגערעדטע זאַך! צערעדט זיך אַלע דאָרט!
די געסט! און ער! צעמישט מיר די געדאַנקען!
כ'בין בלינד געוואָנט! פֿאַר וואָס בין איך אַזוי געשטראָפֿט.

טשאַצקי
(צו סאָפֿיאַן)
איז פֿאַרן בילבול אײַך דאַרף איך נאָך דאַנקען?

פֿאַמוסטאָוו
הער, ברודער, צײַט ניט צו קיין שטיק!
צערײַסט זיך כאָטש, איר'ט מיך ניט נאַרן,
דו, פֿילקאַ, ביסט אַ חלומדיקע ציג,
אַ גולם זיצט דאָ אין שווייצאַרן,
זאָג, ווּ ביסטו געווען? פֿאַרנעמען וועט מען זיך מיט וואָס?
אַ טויבער פֿייגל אַ פֿאַרטראַכטער!
דער פֿאָרהויז אָפֿן איז פֿאַר וואָס?
פֿאַר וואָס די טיר ניט קיין פֿאַרמאַכטע?
און ווי 'סטו ניט דערזען? און ווי 'סטו ניט דערהערט?
אײַך אין דער אַרבעט, אַקערן די ערד,
גרייט פֿאַר אַ קאָפּיקע פֿאַרקויפֿן.
אַלץ דו בליץ־אויגיקע, אַלץ דו האָסט זיך דערקלערט,

ווי צוגעפּאַסט עסז דורך וואָס פֿאַראַ נ׳אופֿן?
אָט איז ער דער „קוזנעצקי מאָסט“[23],
דאָס פּוצעניש און נײַע זאַכן:
אָט ווו צוגויפֿפֿירן געלערנט זיך דו האָסט –
געליבטע! וואַרט, מיט דיר אַ טאָלק וועל איך שוין מאַכן!
אַ נו אין שטאַל צו קוקן נאָך די געגנדז;
אויך דו, מײַן טאָכטער, ווּעסט האָבן טענץ:
אַ טאָג נאָר גיב געדולה, אויף אַלץ אַ סוף וועט קומען;
מיט מענטשן לעבן. אויס, אין מאָסקווע ס׳טו ניט זײַן:
אין וואַלד אַרײַן,
אין דאָרף, אין שטאָט סאַראַטאָוו, צו דער מומען!
דו וועסט שוין קלאָגן דאָרט אַ קלאָג.
בײַם שטיקראָם, בײַם גענעצן אַ טאָג!
אײַך, הער, איך בעט אַהין ניט רײַזן,
מיט קיין שום וועג און שטעג,
אַהין זיך ניט באַווײַזן,
און וואַרט,
אַזאַ ט׳שוין זײַן פֿאַר אײַך דער לעצטער ביסן:
די טיר צו איטלעכן וועט זײַן פֿאַרשפּאַרט.
איך – איך וועל געבן אַלעמען צו וויסן,
וואָס דו ביסט פֿאַראַ כוואַט,
אַ טומל ט׳זײַן אַ גרויסער,
איך וועל דערלאַנגען אין סענאַט,
צו מיניסטאָרן צו דעם קיסר.

טשאַצקי

(נאָך אַ היפּשער פּויזע)
צו זיך איך קום ניט... שטייט,
מע וויל מיר כּלומרשט געבן צו פֿאַרשטיין,
איך הער זיך אײַן, דעם טײַטש איך וויל דערגיין,
פֿאַרלוירן די געדאַנקען... וואָס וואַרט איך.
(מיט היץ.)
פֿאַרבלענדטער מענטש! דעם דאַנק אין וועמען כ׳האָב געזוכט!
געאײַלט! געטרייסלט זיך! געפֿלויגן! אָט געדוכט,
אַז נאָענט ער דער חיות,
דאָס גליק, די פֿרייד,
פֿאַר וועמען פֿריִער אַזוי לוסטיק, אַזוי מיאוס,

אין צערטלעכע צעגאָסן זיך אין רייד!
און איר? אַ גאָט מײַנער! אויף וועמען מיך פֿאַרביטן?
ווען כ'טו אַ טראַכט זיך וועמען איר האָט אויסגעווײלט!
פֿאַר וואָס פֿון האָפֿענונג זיך ניט געקאָנט פֿאַרהיטן?
פֿאַר וואָס מיר גלײַך איר'ט ניט דערציילט,
אַז פֿריִערדיקע – אַלץ געמאַכט פֿאַראַ געלעכטער?!
אַז אײַך דאָס אָנדענק איז ניט מילד
פֿון די געפֿילן, וואָס אין אונדז האָבן געשפּילט,
וואָס ניט געקילט אין מיר די ווײַט צי נײַע ערטער.
מיט זיי געלעבט,
די קראַפֿט אין זיי געשעפּט,
אָנאויפֿהערלעך מיט זיי געווען פֿאַרנומען!
איר וואָלט מיר זאָגן, אַז דער פּלוצלינגער מײַן קומען,
מײַן אויסזען, מײַנע רייד, מײַן גאַנג,
אײַך ערגער זײַנען פֿון אַ שלאַנג;
אַז אײַך ניט ליב מיט מיר צו ריידן,
איך וואָלט פֿאַרשווינדן לאַנג,
ביז דעם ווי אונדז אויף אייביק זיך צעשיידן,
ניט זייער וואָלט איך זוכן, ווער
איז ער, דער מענטש אָט דער,
וואָס צווישן אונדז געשטעלט זיך צווישן ביידן.
(מיט איראָניע.)
איר וועט זיך איבערבעטן ס'וועט נעמען ניט קיין סך,
אַז איר וועט זיך דערמאָנען:
דערשלאָגן זײַן? פֿאַר וואָס? איר אַלע מאָל וועט קאָנען
אים שאַנעווען און וויקלען, שיקן נאָך אַ זאַך,
אַ מאַן אַ יִינגעלע, אַ מאַן אַ שקלאַף
דעם ווײַב זײַנס נאָכצוגעבן קענער.
דער גרויסער אידעאַל פֿון מאָסקווער אַלע מענער. –
גענוג!
שוין קלוג!
איך גרויס זיך, וואָס מיט אײַך איך האָב צעריסן.
און איר, הער פֿאָטער, איר אין טשין פֿאַרקאָכט, ווער זײַט:
אײַך ווינטש איך דרעמלען אין דעם גליקלעכן ניט וויסן.
ניט מורא האָט, אַן אַנדערער ט'געפֿינען זיך אַ לײַט
מיט מידות אײַערע אַ ריינער.
אַ פּלייצעבייגער, אַ געשעפֿטמאַכער,

מיט זײַנע מעלות ווער דעם צוקונפֿטיקן שווער
וועט זײַן אַ גלײַכער.
אַזוי, געוואָרן קלאָר אין קאָפּ,
דעם טרוים אַן ענדע! די פֿאַרבלענדעניש אַראָפּ;
אַצינד וואָלט ניט פֿאַרשאַטן
אויף אַלץ כּסדר, אויף דער טאָכטער, אויפֿן טאַטן
אויף דעם געליבטן, אויפֿן קלאָג,
און אויף דער וועלט דער גאַנצער
צו אויסגיסן די גאַל די גאַנצע,
די גאַנצע פּלאָג!
ווּ כ'בין געווען? ווּהין דאָס מזל ט'מיך פֿאַרטראָגן!
מיך אַלע שילטן, אַלע יאָגן!
טיראַנען אַ המון,
אין ליבע ליגנערס, גרייט פֿון האַס אויף אַלץ צו גיין,
רכילותניקעס, לשון־הרע ריידער,
צבֿועקעס, פּוסטע כּלים אָנגעטאָן אין קליידער,
מכשפֿות, זקנות, אַלטע לײַט
וואָס ווילן אײַנהאַלטן די צײַט –
איר אַלע. דער געדאַנק אין וועמען איז פֿאַרלאָשן.
איך בין משוגע איר'ט געשריִען אין איין לשון,
איר זײַט גערעכט: דאָס מזל צושפּילן וועט דעם,
ווער ס'וועט אַ טאָג מיט אײַך פֿאַרברענגען,
און אָטעמען מיט אײַך אין איינעם,
און דעם געדאַנק דערבײַ וועט ניט פֿאַרלירן.
פֿון מאָסקווע וואָן! איך בין אַהערצו מער קיין פֿאָרער.
כ'וועל אין דער וועלט זיך לאָזן, אָפּזוכן איך וויל
אַ ווינקל, ווּ ס'איז דאָ פֿאַר דעם באַליידיקטן געפֿיל!
ווּ מײַן קאַרעטע איז! דערלאַנגט מיר די קאַרעטע!
(פֿאָרט אַוועק.)

אויפֿטריט 15

אַלע, אַ חוץ טשאַצקין.

פֿאַמוסאָוו
איז פֿרעג איך אײַך: זײַן קאָפּ איז קלאָר?
געפּלוידערט וואָס, דו הער,

אַ פּלייצעבייגער איז אַ שווער!
און וועגן מאָסקווע זיך צעגאַנגען –
און דיר האָט זיך פֿאַרוואָלט דאָס האַרץ פֿון מיר דערלאַנגען?
מײַן גורל איז פֿאַר וואָס
נאָר לײַדן איינער?
אַך, גאָט מײַנער, איצט וואָס וועט ריידן, וואָס,
די פֿירשטין מאַריאַ אַלעקסעוונאַ!

דערקלערונגען און קאָמענטאַרן:

[1] טווער – אין יענער צײַט אַ פּראָווינץ־שטאָט אויפֿן טײַך וואָלגאַ, 178 קילאָמעטער פֿון מאָסקווע

[2] מאָסקווער פֿאָלק – די מאָסקווער, ווי די הויפּטשטאָטישע אײַנוווינער האָבן שטענדיק זיך געהאַלטן גרויס, ווי פּריווילעגירטע

[3] פּאָנאָמאַר – אַ דינער אינעם פּראַוואָסלאַווען קלויסטער

[4] קאַמערהער – אַ הויפֿדינער פֿון אַ הויכן ראַנג אין רוסישער אימפּעריע

[5] קורטאַג – אַן אויפֿנעם־טאָג אין קיניגס הויף

[6] קאַרבאָנאַרער – אַ מיטגליד פֿון אַ געהיימער אָרגאַניזאַציע אין איטאַליע

[7] – געמיינט, די „פּאַטערלענדישע מלחמה" קעגן נאַפּאָלעאָנען אין יאָר 1812

[8] לייב־גוואַרדיע יעגערסקי פּאָלק – אַן אויסגעצייכנטער מיליטער־טייל

[9] – אַן אָרדן, וואָס מ'האָט געטראָגן אויפֿן האַלדז

[10] אָטשאַקאָוו־צײַט און קרים – די רוסיש־טערקישע מלחמה (1787־1791)

[11] נעסטאָר – אַ שם־דבֿר פֿון יענער צײַט

[12] קרעפּאָסטנאָי באַלעט – לײַב־אייגנטימע־טעאַטערס האָבן געהאַט אייניקע באַקאַנטע גראַפֿן. זיי פֿלעגן אומברחמנותדיק אויסנוצן זייערע פּויערים, וואָס בײַ טאָג האָבן זיי שווער געאַרבעט אין פֿעלד, און בײַ נאַכט – געשפּילט טעאַטער

[13] רומאַטיזם – געמיינט, רעוומאַטיזם

[14] עשאַרפּ – דאַמען־שאַרף

[15] באַרעזש – אַ לײַכטער לופֿט־שטאָף

[16] אַ גוטן אָוונט! ענדלעך, זײַט איר דאָ! איר אײַלט זיך ניט, און מיר זײַנען שטענדיק צופֿרידן אײַך צו זען (פֿראַנצ.)

[17] ער וועט דערציילן אײַך גענוי

[18] לאַנקאַסטערסקיע – אַ לערן־שיטה, ווען די שילער פֿון עלטערע קלאַסן לערנען די שילער פֿון קלענערע קלאַסן

[19] אָ, ניט פֿאַרלאָז ניט, ניין, ניין (איטאַל.)

[20] קאַמטשאַטקע – האַלבאינדזל אין צפֿון־מיזרחדיקן טייל פֿון אייראָ־אַזיע

[21] פֿאָנטאַנקע – אַ טײַכל און אַ ברעג־גאַס אין סאַנקט־פּעטערבורג

[22] יאַקאָבינער – מיטגליד פֿונעם יאַקאָבינער־קלוב, אַ פּאָליטישער באַוועגונג אין פֿראַנקרײַך אין 18טן י"ה

[23] „קוזנעצקי מאָסט" – פּרעסטיזשפֿולע גאַס אין צענטער פֿון מאָסקווע, ווו ס'האָבן זיך אין 19טן י"ה געפֿונען די טײַערסטע פֿראַנצייזישע קלייטן.